Esther Dreiner · Hermann-Josef Frisch

Lebenswege 4

Religion in der Grundschule

PATMOS

Zugelassen durch die Lehrbuchkommission
der Deutschen Bischofskonferenz

Herausgegeben von
Esther Dreiner und Hermann-Josef Frisch

in Verbindung mit
Ivan Gantschev (Illustration)
Rita Frind (Bibelillustration)
Peter Wirtz (Fotografie)

© 2001 Patmos Verlag Düsseldorf
Alle Rechte, einschließlich derjenigen des auszugsweisen Abdrucks sowie der
fotomechanischen und elektronischen Wiedergabe, vorbehalten

Auflage 4 3 2 1 / 04 03 02 01

Lithografie: RCS, Stadtlohn
Druck und Bindung: Rasch, Bramsche
ISBN 3-491-73425-8

Mein Lebensweg

Ja, wenn ich erst mal groß bin ...

möchte ich ...
will ich ...
werd' ich ...

> Ich bin ich.
> Dann bin ich richtig.

Aus Psalm 16:

Behüte mich, Gott,
denn ich vertraue dir.
Darum freut sich mein Herz.
Du zeigst mir den Weg zum Leben.

Katja

Katja ist zehn Jahre alt. Ihre Mutter muss den ganzen Tag arbeiten, deshalb ist sie oft allein. An manchen Nachmittagen geht sie auch zu ihrem Opa. Der wohnt nur einen Block weiter und ist auch allein, seit Oma gestorben ist. Die beiden verstehen sich gut, können stundenlang Uno spielen, vor allem aber über alles plaudern.

Gestern war Katja wieder bei ihrem Opa. Der sagte gleich zu Beginn: „Gleich schauen wir uns ein Stück im Fernsehen an. Da geht es um Mutter Teresa. Die verehre ich sehr."

„Wer ist Mutter Teresa?", fragt Katja.

„Die kennst du nicht?" Opa schüttelt den Kopf. „Was lernt ihr eigentlich in der Schule? Mutter Teresa war eine Ordensfrau in Indien. Sie wird eine Heilige der Nächstenliebe genannt, weil sie sich so um Arme und Sterbende gekümmert hat."

Und die beiden sehen die Fernsehsendung, erleben in vielen Bildern die bedrückende Armut der Menschen und erfahren, wie Mutter Teresa und die anderen Schwestern ihres Ordens Sterbende und Waisenkinder betreut haben.

„Mutter Teresa ist eine der ganz großen Frauen", sagt Opa.

„So wie die möchte ich auch mal werden", sagt Katja.

„Ach was", meint Opa. „Nicht Mutter Teresa musst du werden, das geht ja gar nicht. Aber Katja musst du werden!"

Da hat Katja wieder etwas zum Nachdenken.

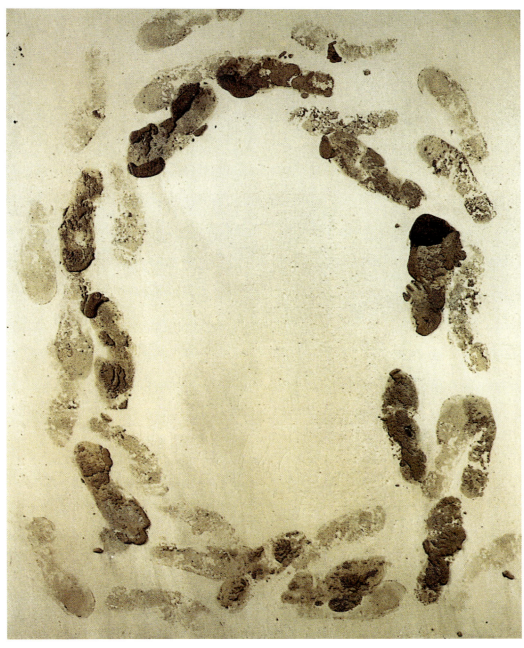

Der spanische Künstler Antonio Tàpies nennt sein Bild
„Spuren auf weißem Grund".

Spüre deinen Spuren nach.
Erinnere die Wege, die du gegangen bist.
Träume die Wege, die du gehen wirst.

Dein Lebensweg

In anderen Menschen finden wir uns selbst.

Aus dem Buch Jesus Sirach:

Viele seien es, die dich grüßen, dein Vertrauter aber sei nur einer aus tausend. Für einen treuen Freund gibt es keinen Preis, nichts wiegt seinen Wert auf.

Ich und Du

Ein Mädchen machte sich auf einen weiten Weg, der es durch einen tiefen Wald führte. Der Weg zog sich immer länger und schließlich wurde es dunkel. Der Pfad war kaum noch zu erkennen, das Mädchen verirrte sich. Voller Angst und Verzweiflung suchte es seinen Weg aus dem Wald hinaus.

Endlich, schon am Ende seiner Kräfte, sah es ein kleines Licht, lief dorthin und entdeckte ein kleines Haus mitten im Wald. Aus dem Fenster drang ein warmer Lichtschein nach draußen.

Erleichtert klopfte das Mädchen an die Tür.

„Wer da?", fragte von innen eine Stimme. Das Mädchen dachte nicht lange nach und rief: „Ich!"

Da hörte es von innen ein leises Weinen und Schluchzen. „Ich, immer ich!", tönte es leise aus dem Haus. Die Tür aber blieb geschlossen.

Verwirrt setzte sich das Mädchen auf einen Holzblock und überlegte. Ein einziges Wort führt zu Weinen und Klagen, dachte es. Und dann erkannte es: Das Wort „Ich" versperrt den Weg in das Haus, das ihm Sicherheit und Geborgenheit geben kann.

Mit einem Ruck stand es auf und ging erneut zur Tür. Wiederum klopfte es an und wiederum erscholl von innen die Stimme: „Wer da?"

Da sagte das Mädchen: „Du!" Im selben Augenblick öffnete sich die Tür und es konnte in das Haus eintreten.

nach einem arabischen Märchen

Der Maler Pablo Picasso nennt sein Bild
„Die Schwalben".

Zwei Vögel sind miteinander unterwegs,
fliegen über die Erde und erobern sich den Himmel.

Mit wem warst du,
mit wem bist du unterwegs?
Wer begleitet dich auf deinem Weg?
Mit wem möchtest du über die Erde fliegen
und den Himmel erobern?
Wer ist dir wichtig,
wem bist du wichtig?

Unsere Lebenswege

Zusammen gelingt es

In einem Urwald lebten einmal fünf Vögel nahe beieinander. Der erste Vogel hatte weiße Federn, der zweite blaue, der dritte war rot, der vierte gelb und der fünfte so grün wie die Blätter. Jeder der fünf Vögel konnte ein kurzes Lied. Weil jeder der Vögel nur eine Farbe hatte und nur ein kurzes Lied singen konnte, hatten sie sich zusammengetan. Mittags, wenn die Sonne ganz von oben zwischen den Blättern der Urwaldbäume hernieder schien, flogen sie gemeinsam zur großen Lichtung der Menschen, sangen und tanzten vor dem Haus eines Bauern. Jeden Tag trat der Bauer aus dem Haus und rief: „Da seid ihr ja wieder, meine lieben Vögel. So herrlich bunt seht ihr aus und ihr singt so wunderschön." Er streute ihnen reichlich Futter hin. So hatten alle Vögel genug zu fressen.

Doch eines Morgens flog der weiße Vogel allein zum Haus des Bauern und flötete sein Lied. Als der Bauer den kläglichen Gesang hörte, rief er: „Warum dieses alberne Gepiepse?" Er streute nicht ein einziges Korn und scheuchte den weißen Vogel zurück in den Wald.

Auch der blaue Vogel kam an diesem Tag allein, später der rote, der gelbe und endlich am Abend der grüne Vogel. Aber alle erhielten nichts zu fressen. Alle fünf mussten hungrig einschlafen und waren sehr traurig.

Am nächsten Tag erzählten sich die Vögel, wie es ihnen ergangen war. Schließlich sagte der grüne Vogel: „Wenn wir zusammen hinfliegen und unsere Lieder singen, wird sich der Bauer sicher freuen und uns wieder füttern."

Als die Sonne hoch am Himmel stand, flogen die fünf wie früher zusammen zur Lichtung der Menschen, tanzten und sangen. Da trat der Bauer höchst erfreut aus dem Haus und rief: „Da seid ihr ja wieder, meine lieben Vögel! Wie habe ich euch gestern vermisst! Wo seid ihr nur gewesen?" Er streute ihnen viel gutes Futter hin und die Vögel teilten miteinander und alle wurden satt.

> Was wirklich wichtig ist:
> einander Weggefährten sein.

Aus Psalm 25:

Zeige mir, Herr, deine Wege,
lehre mich deine Pfade!
Wer ist der Mensch, der Gott fürchtet?
Gott zeigt ihm den Weg,
den er wählen soll.

Der Maler Paul Klee nennt sein Bild
„Hauptwege und Nebenwege".

Es gibt viele Wege im Leben.
Die Wege der Menschen stehen zueinander in Beziehung.
Vergleiche unterschiedliche Lebenswege.

Allein ...   ... gemeinsam

Ein guter Freund ...

Wie Freundschaft nicht sein darf:

- so hart wie ein Stein
- so kalt wie ein Eisberg
- so langweilig wie ein Nebeltag
- so dunkel wie die Nacht ...

Wie Freundschaft sein muss:

- so groß wie ein Berg
- so weit wie der Himmel
- so tief wie das Meer
- so bunt wie der Regenbogen ...

Was die Bibel sagt:

Ein treuer Freund ist wie ein festes Zelt,
wer einen solchen findet, hat einen Schatz gefunden.

Drei Dinge gefallen mir,
sie sind Gott und den Menschen angenehm:
Eintracht unter Brüdern, Liebe zwischen Freunden,
Mann und Frau, die einander verstehen.

Wechsle keinen Freund für Geld,
einen treuen Bruder nicht für Gold.

Hast du einen Freund, plaudere von ihm nichts aus,
sonst wird sich jeder, der dich hört, vor dir hüten.

aus dem Buch Jesus Sirach

Im Buch Genesis wird von der Erschaffung der Welt erzählt.
Die Bibel nennt dann als Erstes, was in der Welt *nicht* gut ist:
„Es ist nicht gut, dass der Mensch allein ist."

Glück und Unglück

Mein Glückstag …   Mein Pechtag …

Ich mag das Glück nicht leiden

Ich besuche manchmal eine wunderliche alte Dame und wir erzählen uns gegenseitig Geschichten. Das heißt: Meistens erzählt sie und ich höre zu. Sie hat ja auch schon viel mehr erlebt als ich. Allerdings hat sie Schwierigkeiten mit dem Gehen. Die alten Füße wollen nicht mehr so recht. Darum helfe ich ihr hin und wieder ein bisschen. Zum Beispiel kaufe ich für sie den Zitronenlikör und die Kartoffeln und die Dosenmilch ein.

Vor ein paar Tagen habe ich ihren Bretterverschlag auf dem Speicher aufgeräumt. Der Hauswirt hatte schon gemeckert. Und zwischen verstaubten Hutschachteln, schimmeligen Kleiderbündeln und kaputten Blumentöpfen fand ich ein Päckchen mit alten Spielkarten.

„Wirf sie weg!", sagte die alte Dame. „Die haben schon genug Unheil angerichtet." Was sie damit wohl meinte? Gab es da vielleicht eine spannende Geschichte? Oder eine ganz traurige?

Ich habe die Spielkarten nicht weggeworfen. Ganz lange habe ich sie mir angeschaut. Jede Karte erzählte eine Geschichte. Aber die meisten Geschichten waren nicht lustig. Ich habe über das Glück beim Kartenspiel nachgedacht. Und über das Glück überhaupt.

Die einen sind glücklich. Sie sind gesund, sie sind reich, sie besitzen schöne Häuser, sie haben genug zu essen, sie haben keine Sorgen, sie fahren dicke Autos, sie verreisen in den Ferien… So etwas meint man doch, wenn man vom Glück redet. Oder?

Die anderen sind unglücklich. Sie werden von den Reichen unterdrückt, sie haben Hunger, sie haben kein Geld für den Arzt, sie kriegen ungerechten Lohn für ihre Arbeit, sie dürfen nicht offen ihre Meinung sagen, sie haben keine Aussichten auf eine bessere Zukunft. So etwas meint man doch, wenn man vom Unglück redet. Oder?

Oder ist das im Leben vielleicht gar nicht so wie beim Kartenspiel? Beim Kartenspiel muss man die Karten nehmen, wie sie gemischt sind. Der eine hat Glück, der andere hat Pech. Da kann man nichts machen. Aber im Leben braucht man sich nicht damit abzufinden, dass die einen immer die guten Karten und die anderen immer die schlechten Karten bekommen. Da kann man sagen: „Los, alle Karten offen auf den Tisch! Wir wollen gerecht verteilen. Warum sollen immer die Armen die schlechten Karten ziehen? Warum kriegen die Reichen immer die Asse?"

Nein, ich mag das Glück nicht leiden. Es ist blind und zufällig und ungerecht. Wir sollten es abschaffen.

Jo Pestum

13

Botschaft,
die Kreise zieht

Israel

Israel ist ein kleines Land. Es liegt direkt am *Mittelmeer*. Dieses Gebiet hat auch zwei andere Namen: Palästina und den alten Namen Kanaan. In Israel lebt das Volk der Juden. Auch Jesus war Jude – Israel war sein Land.

Die Hauptstadt Israels ist *Jerusalem.* Dort war auch der große Tempel der Juden. Nur die Klagemauer ist davon erhalten. Heute ist Jerusalem für Juden, Christen und Muslime eine heilige Stadt.

In Israel ist es die meiste Zeit im Jahr sehr heiß. Doch wo es Wasser gibt, wachsen Obst und Gemüse. Entlang des Flusses *Jordan* und am *See Gennesaret* gibt es Bäume und fruchtbare Felder. In anderen Teilen des Landes sind tiefe Brunnen. So kann es reiche Ernten geben – das Land ist ein „Land, in dem Milch und Honig fließen".

Für die Jesusgeschichte sind außer Jerusalem noch wichtig: die Landschaft *Galiläa* und das Gebiet rund um den See Gennesaret. Jesus war auch in der Stadt *Jericho* am Jordan. Die beiden Städte *Betlehem* und *Nazaret* haben auch eine Beziehung zu Jesus – weißt du welche?

Ägypten

Immer wieder hatten Israel und die Juden mit Ägypten zu tun. Die Geschichten von Josef und von Mose kennst du bereits. Oft aber hatte Israel in seiner Geschichte auch darunter zu leiden, wenn Ägypten und die Reiche im Zweistromland miteinander Krieg führten. Israel lag dazwischen und wurde von beiden Mächten angegriffen.

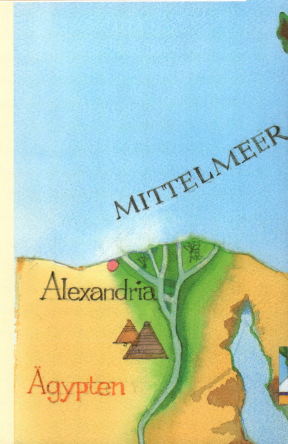

Zweistromland

Das Zweistromland war die Heimat Abrahams. Doch Gott führte ihn nach Israel und versprach seinen Nachkommen dieses Land. Das haben die Juden bis heute nicht vergessen. Sie verstehen sich als Kinder Abrahams.

Die Länder am Mittelmeer

Für Paulus waren die Länder am Mittelmeer wichtig. In Kleinasien (der Türkei) ist er geboren. In Damaskus in Syrien fand er zum Glauben an Christus. In den Mittelmeerländern verkündete er das Evangelium von Jesus.

einasien

Tarsus

Antiochia

Haran

Zweistrom-Land

Nazaret

Damaskus

See Gennesaret

ISRAEL

GALILÄA

Jericho

Jerusalem

Betlehem

Totes Meer

Babylon

Wer zeigt mir den Weg?

Suche deinen Weg

Der junge Mann hatte lange gebraucht, bis er den steilen Berghang hinaufgeklettert war. Er war überrascht, dass er auf der Spitze nicht allein war. Ein alter Mann saß bereits da und blickte in das Licht der Sonne.

„Hallo", sagte er.

„Hallo", antwortete der junge Mann. „Es ist schön hier oben."

„Es ist immer schön, wenn man hoch oben ist", sagte der Alte, „wenn man über alles schauen kann. Da entdeckst du viel, im Himmel und auf der Erde."

Der Junge nickte: „Kannst du mir eine Frage beantworten? Was ist das Leben?"

Der alte Mann schaute ihn lange an. Dann sagte er:

„Leben ist aufbrechen und sich in Bewegung setzen. Bleib nicht irgendwo hocken, wenn du das Leben kennen lernen willst. Mach dich auf und suche selber.

Das Leben ist dauernde Entwicklung und Veränderung. Nichts bleibt so, wie es ist. Deshalb bedeutet das Leben: Sich aufmachen, Erfahrungen sammeln und daraus lernen.

Denk also nach, wer du bist. Überlege, wer du werden möchtest. Mach dich auf den Weg und suche dein Leben. Das zu entdecken, wird eine spannende Reise."

Die Straße, die nirgends hinführte

Wo das Dorf zu Ende ging, teilte sich die Hauptstraße in drei Straßen, eine zum Meer, die zweite zur Stadt und die dritte nirgendwohin. Martino wusste das gut, denn er hatte schon jedermann darüber ausgefragt und von allen die gleiche Antwort bekommen.

„Die Straße da? Die führt nirgends hin. Auf der braucht man gar nicht zu gehen."

„Und wo kommt sie denn her?"

„Die kommt von nirgends her."

„Aber warum hat man sie denn dann gebaut?"

„Niemand hat sie gebaut. Sie war schon immer da."

„Aber ist sie denn nie jemand gegangen, um zu sehen, wohin sie führt?"

„Ei, du hast aber einen Dickkopf! Wenn man dir doch sagt, dass da nichts zu sehen ist …"

„Das kann man doch nicht wissen, wenn noch niemand bis dahin gegangen ist, wo sie aufhört."

Und er war so hartnäckig, wenn es sich um die Straße handelte, dass die Leute anfingen, ihn Martino Dickkopf zu nennen. Aber er machte sich gar nichts daraus und dachte eben heimlich an die Straße, die nirgendwohin führte.

Als er groß genug war, um allein über eine Straße gehen zu können, ohne dass sein Großvater ihn bei der Hand führte, stand er eines Morgens früh auf, wanderte zum Dorf hinaus und ohne Zögern auf der geheimnisvollen Straße immer weiter und weiter.

Der Boden war voller Löcher und Unkraut, aber da es zum Glück lange nicht geregnet hatte, gab es keine Pfützen. Rechts und links wuchs eine Hecke, doch bald begann dichter Wald. Die Äste der hohen Bäume waren so ineinander verflochten, dass sie einen kühlen, dunklen Gang bildeten, nur hie und da leuchtete ein Sonnenstrahl wie eine Lampe auf. Martino ging und ging, aber der dunkle Gang nahm kein Ende, die Straße nahm kein Ende … Martino taten die Füße weh und er fing schon an darüber nachzudenken, ob er nicht besser umkehren sollte, als er plötzlich …

Wer sagt mir,
wohin mein Leben geht?
Wer sagt mir,
worin meine Zukunft besteht?
Wer sagt mir den Weg,
wer sagt mir das Ziel?
Wege in unserer Welt
– die gibt es so viel!

Antwort aus der Stille

„Wo soll ich denn das Leben suchen?“, fragte der junge Mann. „Wohin soll ich aufbrechen? Die Welt ist so groß und es gibt so viele Wege.“

„Komm, ich zeige dir etwas.“ Der Alte ging die Wiese auf der anderen Seite des Berges herunter. Unten kam er zu Bäumen und schließlich zu einer kleinen Wasserfläche, die aus einer Quelle gespeist wurde.

Der Alte warf einen Stein in das Wasser. Wellen schlugen hin und her.
„Schau hinein“, sagte er.
„Kannst du etwas entdecken?“

„Nein“, antwortete der Junge. „Das Wasser ist zu unruhig. Da ist nichts zu sehen.“

Der andere wartete eine Zeit lang, bis das Wasser sich beruhigt hatte und seine Oberfläche glatt wie ein Spiegel war. „Jetzt schau noch einmal hinein. Was siehst du?“

„Ich sehe mich selber“, staunte der junge Mann. „Ich sehe mich klar und deutlich.“

„Siehst du“, sagte der Alte. „Das macht die Stille. In der Stille findet man zu sich selbst. Jetzt weißt du, wo du mit deiner Suche beginnen musst.“

In einem alten Kirchenlied heißt es:

Wohl denen, die da wandeln
vor Gott in Heiligkeit,
nach seinem Worte handeln
und leben allezeit.
Die recht von Herzen suchen Gott
und seiner Weisung folgen,
sind stets bei ihm in Gnad.

Lehr mich den Weg zum Leben,
führ mich nach deinem Wort,
so will ich Zeugnis geben
von dir, mein Heil und Hort.
Durch deinen Geist, Herr, stärke mich,
dass ich dein Wort festhalte,
von Herzen fürchte dich.

Jeder Mensch ist eine Landschaft

Der Künstler René Magritte fragt in seinen Bildern häufig nach dem Verhältnis von außen und innen.

Der Himmel in mir

Weißt du, wo der Himmel ist,
außen oder innen,
eine Handbreit recht und links,
du bist mitten drinnen.

Weißt du, wo der Himmel ist,
nicht so tief verborgen,
einen Sprung aus dir heraus,
aus dem Haus der Sorgen.

Weißt du, wo der Himmel ist,
nicht so hoch da oben,
sag doch ja zu dir und mir,
du bist aufgehoben.

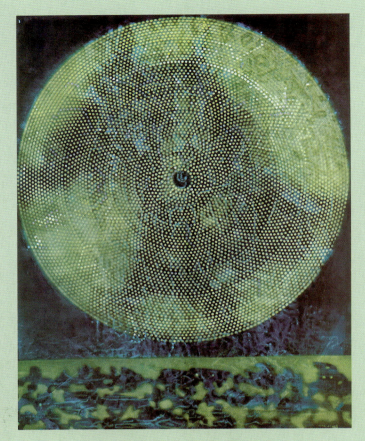

Der Kreis

Der Maler Max Ernst nennt sein Bild „Geburt einer Milchstraße".

Freundeskreis
Bekanntenkreis
Gesprächskreis
Kreisspiel

Wenn du singst, sing nicht allein,
steck andre an,
Singen kann Kreise ziehn.
Zieh den Kreis nicht zu klein.

Erd und Himmel sollen singen
vor dem Herrn der Herrlichkeit,
alle Welt soll hell erklingen,
loben Gott zu dieser Zeit.
Halleluja! dienen ihm in Ewigkeit.

Erdkreis
Jahreskreis
Lebenskreis
Weltenkreis

Die Erde

*Eine Weltraumsonde hat
die Erde vom Mond aus
fotografiert.*

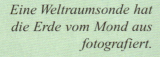

Das tägliche Wunder

Ich dachte, ich würde sie kennen, bis ich eines Tages das Wunder sah. Sie standen mit ihren Füssen auf demselben Boden, erhoben ihren Kopf in dieselbe Luft, in dieselbe Sonne und denselben Regen. Und der Apfelbaum machte Äpfel, und der Birnbaum, zehn Meter weiter, machte Birnen.

Ganz normal, sagten die Menschen. Aber ich konnte meinen Augen nicht glauben. Was sie aus demselben Boden holten, aus derselben Luft, aus derselben Sonne und demselben Regen, daraus machte der eine Baum Birnen und der andere, zehn Meter weiter, Äpfel. Und die sind ganz verschieden in Form, Farbe, Geruch, Geschmack.

Worüber wir staunen

Dass die Welt hinter den Bergen nicht zu Ende ist,
dass, was dir im Spiegel begegnet,
du selber bist.
Dass die Erde rund ist und sich dreht,
und dass der Mond, auch wenn es regnet,
am Himmel steht.
Dass die Sonne, die jetzt bei uns sinkt,
andern Kindern Guten Morgen winkt.

Das unendliche Geheimnis der Welt

Menschen in allen Völkern staunen über die Schönheit der Welt, über die vielen Dinge, über Pflanzen, Tiere und Menschen. Sie fragen nach den Ursprüngen, nach dem Beginn von allem. Sie fragen nach dem Grund, warum alles geworden ist. Sie kommen zu unterschiedlichen Antworten, je nachdem wie ihre Frage ist.

Fragen sie nach Zeit und Raum, nach dem, was man messen, sehen und beschreiben kann, dann helfen die Naturwissenschaften weiter und geben immer genauere Antworten auf die Fragen nach dem Beginn und dem Entstehen und Wachsen von allem.

Fragen sie nach dem Grund und dem Sinn von allem, dann geben die Religionen Antworten. Deren Antworten haben eine andere Sprache als die der Naturwissenschaften. Es ist eine Sprache der Bilder, der Erzählungen, der Legenden und Mythen, es ist eine Bildersprache des Glaubens.

Beide Sprachformen, die der Naturwissenschaft und die des Glaubens, sind wichtig. Sie sagen verschiedene Sichtweisen unserer Welt aus.

Was die Völker erzählen

Völker fragen ...

Menschen in allen Völkern fragen nach dem Grund, warum alles geworden ist, auch sie selbst. Sie suchen nach Antworten und erzählen Bildergeschichten.

Menschen im alten Mexiko glaubten vor vielen hundert Jahren an zahlreiche Götter. Doch einem vertrauten sie besonders: dem Gott Quetzalcoatl. Über ihn erzählen sie:

Die Erde war bereits geschaffen und viele Tiere lebten auf ihr. In der Luft waren die Vögel und im Wasser die Fische. Die Sonne strahlte über die Erde und über alle Tiere. Doch keines der Tiere bedankte sich für die Sonne. Da ärgerten sich die Götter über die Tiere. „Lasst uns Menschen schaffen – sie werden uns danken."

Der blaue Gott nahm Lehm von der Erde und formte daraus einen Menschen. Doch sein Gebilde hielt nicht; als es zu regnen begann, löste es sich auf.

Da schnitzte der rote Gott aus einem Ast Holzmenschen. Diese lösten sich nicht auf, aber sie konnten weder lachen noch weinen. Und eines Tages entstand ein großes Feuer und alle Holzmenschen verbrannten darin.

Da sagte der schwarze Gott: „Lehm und Holz sind nicht das Richtige, um Menschen zu machen. Ich nehme etwas anderes: Ich nehme Gold, das Wertvollste, das es auf der Erde gibt."

Der Sonnenstein der Azteken in Mexiko. In der Mitte ist das Bild eines Sonnengottes.

Und er schuf Menschen aus purem Gold. Sie strahlten, so dass alle geblendet wurden. Die Tiere dienten ihnen aus Furcht.

Dem weißen Gott Quetzalcoatl gefielen die goldenen Menschen nicht. Sie waren ihm zu aufgeblasen. Und es ärgerte ihn, dass sie die Tiere für sich arbeiten ließen. „Ich werde andere Menschen schaffen", sagte Quetzalcoatl, „Menschen, die arbeiten und für sich selber sorgen."

Quetzalcoatl machte aus Mais eine Masse, die er knetete und formte. Dann schnitt er sich in den Finger und mischte etwas von seinem Blut darunter. Aus diesem Gemisch der Erde und des Himmels formte er den Leib des Menschen, seinen Kopf, seinen Rumpf, seine Arme und Beine. Quetzalcoatl hauchte ihn an, er hauchte ihm Leben ein.

So entstanden die Menschen aus den Früchten der Erde und dem Blut und dem Atem eines Gottes. Die Menschen bebauen ihre Felder und pflanzen Mais. Und sie danken Quetzalcoatl, ihrem Schöpfer.

Tolteken, Mexiko

… nach dem Geheimnis der Welt

Auch die Völker und Stämme auf den vielen Inseln der Philippinen fragten nach dem Anfang von allem und den Menschen. Sie verehrten andere Götter, vor allem den Gott Kapok.

Das Volk der Igorot versuchte in seiner Erzählung vom Anfang noch eine weitere Frage zu beantworten. Welche wird das gewesen sein?

Am Anfang der Zeit, bevor es die Menschen gab, herrschte der Gott Kapok über die Erde. Eines Tages beschloss er, Menschen zu schaffen.

Kapok baute dazu auf der Insel Luzon in einer Höhle einen großen Ofen. Dann nahm er etwas Erde und formte daraus zwei Menschen, einen Mann und eine Frau. Er schob die Figuren in den Ofen, um sie zu brennen. Dann setzte er sich neben den Ofen und wartete. Als er nach einiger Zeit die Figuren wieder herausnahm, stellte er fest, dass sie viel zu dunkel gebrannt waren. Doch er hauchte den beiden Leben ein – es wurden die Vorfahren der schwarzen Menschen.

Kapok versuchte es ein anderes Mal mit neuer Erde. Wieder formte er einen Mann und eine Frau und schob die Figuren in den Ofen. Diesmal zog er sie früher heraus, aber es war zu früh. Die Figuren waren viel zu hell. Doch er hauchte auch ihnen Leben ein – es wurden die Vorfahren der weißen Menschen.

Da nahm er ein drittes Mal Erde, formte daraus zwei Menschen, einen Mann und eine Frau, und schob die Figuren wieder in den Ofen. Dieses Mal nahm er sie ge-

rade zur rechten Zeit heraus. Und siehe: Sie hatten die richtige Farbe, schön bräunlich.

Kapok freute sich, dass ihm sein Werk so gut gelungen war. Er hauchte auch ihnen Leben ein – es wurden die Vorfahren der Menschen auf den Philippinen.

Igorot, Philippinen

*Die Hand Gottes
Fresko aus Spanien, 1123*

*Der alles geschaffen hat
Intarsientafel aus Italien, 1428*

*Die Erschaffung
der Welt. Wandteppich
aus Spanien, um 1050–1100*

Bilder erzählen

Verschiedene Bilder erzählen auf verschiedene Weise
– je nachdem wie der Künstler etwas sieht.
Lerne die Bilder dieser Seite zu lesen.

Und Gott sprach ...
Fresko aus Italien, 1518

Dem Herrn
gehört die Erde
und was sie erfüllt.
Psalm 24,1

Der Baumeister der Welt
Illustration einer Bibel
aus Frankreich, um 1250

Schöpfung
Farbholzschnitt aus
Deutschland, 1967

Das schreiben wir auf

Ein Stück der Bibel entsteht

Lange Zeit nach Mose und David hatten die Babylonier Israel erobert, Jerusalem und den Tempel zerstört und einen Teil des Volkes in die Gefangenschaft in ihre Hauptstadt Babylon geführt. Traurig dachten die Juden dort an Jerusalem und den Tempel zurück. Sie überlegten, warum ihnen dies zugestoßen war. Sie sahen auch die prächtigen Bauwerke der großen Stadt Babylon: die Tempeltürme, die festen Mauern, die Kunstwerke aus glasierten Ziegeln. Und sie hörten die Erzählungen über den babylonischen Gott Marduk; sie erfuhren vom Glauben der Babylonier an die Götter und an die Macht der Gestirne.

Am Anfang gab es nur Wasser, aus dem die Meeresgöttin Tiamat in schrecklicher Form auftauchte. Die anderen Götter beauftragten den jungen Gott Marduk, mit Tiamat zu kämpfen. Marduk befahl den Winden, Tiamat in einem riesigen Wirbelwindnetz zu fangen. Dann ergriff er Blitze und tötete Tiamat. Aus ihrem Leichnam schuf Marduk die Welt. Er teilte sie in zwei Teile, in Himmel und Erde. Dann bildete er die Menschen. Sie dankten ihrem Schöpfer und bauten ihm zu Ehren die große Stadt Babylon.

Schöpfungserzählung aus Babylon

Wie sie es aus ihrer Heimat gewohnt waren, kamen die Juden am Sabbat zum Gottesdienst zusammen. Dort sprachen sie auch über den Glauben der Babylonier und über ihre Fragen: „Ist der Gott Marduk wirklich so mächtig? Haben Sonne, Mond und Sterne Auswirkungen auf unser Leben? Warum hilft uns unser Gott nicht in unserer Not?"

Die Priester der Juden mahnten: „Wir verstehen nicht alles, was Gott mit uns tut. Weil er so groß und unbegreiflich ist, dürfen wir uns von ihm auch kein Bild machen. Haltet aber trotzdem an ihm fest, auch wenn er euch hier in der Fremde fern erscheint. Glaubt nicht an die Götter der Babylonier! Glaubt nicht an die Gestirne. Sonne, Mond und Sterne sind keine Götter mit Macht über den Menschen. Sie sind nichts anderes als Geschöpfe unseres Gottes – gelobt sei er –, so wie auch wir seine Geschöpfe sind. Vertraut ihm allein und habt Mut. Er wird uns befreien, wie er unser Volk aus der Knechtschaft in Ägypten befreit hat."

„Schreibt uns das auf", baten die Juden ihre Priester.

„Schreibt über unseren Glauben. Schreibt, wie Gott die Welt gemacht hat und Sonne, Mond und Sterne. Schreibt über unseren guten Gott."

Das taten die Priester. Sie setzten sich hin und dachten nach. Erfüllt von Gottes Geist konnten sie den Anfang der Welt als Anfang aus Gott verstehen. Deshalb konnten sie gar nicht anders: Sie schrieben ein großes Loblied auf Gott.

Vergleiche Seite 30–31.

Mosaik: Gott erschafft die Gestirne

Die Bibel

So wie das große Schöpfungslied, das am Anfang der Bibel zu finden ist, sind viele Teile der Bibel von den Priestern in Babylon aufgeschrieben worden.

Zum Teil haben sie dabei alte Geschichten, die seit vielen Jahren bekannt waren, neu erzählt.

Sie haben aber auch weiter nachgedacht und neue Geschichten über Gott und die Menschen geschrieben. Wenn sie zum Beispiel den hohen Tempelturm zu Ehren des Gottes Marduk sahen, dann dachten sie daran, dass die Menschen sich noch so sehr bemühen könnten, einen Turm bis zum Himmel zu bauen – wie Gott würden sie niemals werden, ihm könnten sie so nicht näher kommen. Das machten sie den Juden durch die Geschichte vom Turm zu Babel klar.

Andere Teile des *Alten Testaments* sind bereits vor dem Exil in Babylon entstanden, wieder andere auch danach. Immer wieder hat man diese Texte neu gelesen, neu bedacht und neu geschrieben. Schließlich wurden sie in vielen Büchern zusammengefasst. So entstand die *Hebräische Bibel,* die Bibel der Juden. Sie entspricht weithin dem *Alten, Ersten Testament* in der Bibel der Christen.

Das *Neue, Zweite Testament* in der Bibel der Christen erzählt vor allem von Jesus und seinen Jüngern und von der Zeit der ersten Christen. Die 27 Schriften des Neuen Testaments sind in der Zeit von etwa 50 bis 120 nach Christus entstanden.

Die ganze Bibel erzählt von der Geschichte Gottes mit den Menschen.

Das Schöpfungslied

Etwa 550 Jahre vor Christus schrieben die in Babylon gefangenen jüdischen Priester ein großes Schöpfungslied auf, mit dem sie Gott für die Welt und das Leben dankten. Dieses Lied wurde durch einige weitere Sätze ergänzt und findet sich jetzt im ersten Kapitel der Bibel. Hier sind Auszüge aus diesem Text:

Im Anfang schuf Gott Himmel und Erde; die Erde aber war wüst und wirr, Finsternis lag über der Urflut und Gottes Geist schwebte über dem Wasser.

Gott sprach: Es werde Licht. Und es wurde Licht. Gott sah, dass das Licht gut war. Erster Tag.

Dann sprach Gott: Ein Gewölbe entstehe mitten im Wasser. So geschah es und Gott nannte das Gewölbe Himmel. Zweiter Tag.

Dann sprach Gott: Das Wasser sammle sich, damit das Trockene sichtbar werde. So geschah es. Das Trockene nannte Gott Land und das Wasser Meer. Gott sah, dass es gut war.

Dann sprach Gott: Das Land lasse wachsen alle Arten von Pflanzen. So geschah es. Gott sah, dass es gut war. Dritter Tag.

Dann sprach Gott: Lichter sollen sein am Himmel, Sonne, Mond und Sterne. Gott machte die Lichter und setzte sie an das Himmelsgewölbe. Gott sah, dass es gut war. Vierter Tag.

Dann sprach Gott: Das Wasser wimmle von lebendigen Wesen und Vögel sollen am Himmel fliegen. Gott schuf die Lebewesen im Wasser und die Vögel. Gott sah, dass es gut war. Gott segnete sie. Fünfter Tag.

Dann sprach Gott: Das Land bringe alle Arten von lebendigen Wesen hervor. Und Gott machte alle Tiere auf dem Erdboden. Und Gott sah, dass es gut war.

Dann sprach Gott: Lasst uns Menschen machen als unser Abbild, uns ähnlich. Gott schuf den Menschen, als Mann und Frau schuf er sie. Gott segnete sie und sprach zu ihnen: Seid fruchtbar und vermehrt euch, bevölkert die Erde, unterwerft sie euch und herrscht über die Fische des Meeres, über die Vögel des Himmels und über alle Tiere. So geschah es. Gott sah alles an, was er gemacht hatte: Es war sehr gut. Sechster Tag.

So wurden Himmel und Erde vollendet. Am siebten Tag vollendete Gott sein Werk und er ruhte am siebten Tag.

aus Genesis 1,1–2,4

Schöpfung

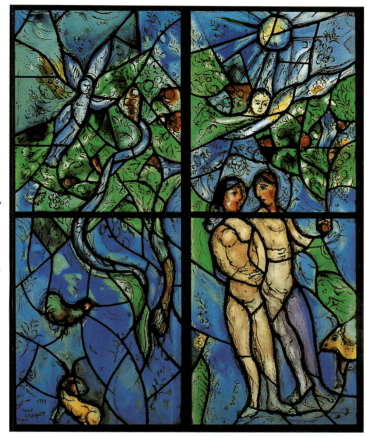

Im Zusammenhang mit der biblischen Schöpfungserzählung werden die Namen „Adam und Eva" genannt. Doch das musst du wissen: „Adam" heißt im Hebräischen „der Mensch, die Menschheit". Eine Geschichte über „Adam" ist also eine Geschichte über alle Menschen. „Eva" heißt im Hebräischen „die Lebendige", auch „Mutter allen Lebens". Erst später wurden „Adam" und „Eva" auch zu Eigennamen.

Das Paradies

Nach dem Schöpfungslied steht im zweiten Kapitel der Bibel eine ältere Schöpfungserzählung. Hier einige Auszüge daraus:

Als Gott, der Herr, Erde und Himmel machte, gab es auf der Erde noch nichts. Da formte Gott, der Herr, den Menschen aus Erde vom Ackerboden und blies in seine Nase den Lebensatem. So wurde der Mensch zu einem lebendigen Wesen. Dann legte Gott, der Herr, im Osten einen Garten an und setzte dorthin den Menschen, den er geformt hatte, damit er ihn bebaue und hüte.

Dann sprach Gott: Es ist nicht gut, dass der Mensch allein bleibt. Ich will ihm eine Hilfe machen. Gott, der Herr, formte aus dem Ackerboden alle Tiere und führte sie zum Menschen. Aber eine Hilfe, die ihm entsprach, fand der Mensch nicht.

Da ließ Gott, der Herr, einen tiefen Schlaf auf den Menschen fallen, so dass er einschlief, nahm eine seiner Rippen und baute daraus eine Frau und führte sie dem Menschen zu. Und der Mensch sprach: Das endlich ist Bein von meinem Bein und Fleisch von meinem Fleisch.

aus Genesis 2,4–24

Gottes Geist in der Welt

Der Maler Franz Marc malte meist nur Tiere (das Bild auf der gegenüberliegenden Seite ist eine Ausnahme).
Er war der Ansicht, dass sich in den Tieren besser als in Menschen die Schönheit und Ursprünglichkeit der Schöpfung erkennen lässt.
Seine Tierbilder, wie der „Turm der blauen Pferde", lassen hinter den vordergründigen Darstellungen etwas Dahinterliegendes erkennen. Das gilt es bei seinen Bildern zu entdecken.

Spuren Gottes

„Opa", fragt Friederike, „woher wissen wir denn, dass es den lieben Gott gibt? Ich kann ihn doch gar nicht sehen."

„Es gibt so vieles, was du nicht sehen kannst und doch ist es da", antwortet der Großvater, „komm mit!"

Hand in Hand gehen die beiden durch die kleine Reihenhaussiedlung, in der sie wohnen. Die Luft ist warm, der Wind weht lau. Beim Nachbarn blühen die Krokusse und Blausternchen. Die Weidenkätzchen stecken schon ihre Spitzen heraus. Bei Kortes wecken die Osterglocken die anderen Frühblüher auf. Der Forsythienstrauch lauscht ihrem Klang. Auch die Tulpen haben die hellen Töne schon gehört und stecken ihre zarten Spitzen aus dem Boden. Bei Mohrs wachsen die meisten Blumen: die Christrosen und die Primeln, die Stiefmütterchen und die Vergissmeinnicht, aber auch die Veilchen und die Osterglocken. Und es scheint, als winkten sie den beiden zu. Friederike schaut auf die Pflanzen, die den Winter vertrieben haben.

„Den Frühling", sagt der Großvater, „kann man nicht sehen, aber die Bäume, Sträucher und Blumen verkünden ihn dir, lassen ihn dich fühlen. So kann man überall in dieser Welt Spuren Gottes entdecken."

„Liebt die ganze
Schöpfung, die ganze
Welt und jedes Sand-
körnchen auf der Erde!
Jedes Blättchen, jeden
Lichtstrahl Gottes habt
lieb! Liebt die Tiere,
liebt die Pflanzen, liebt
jedes Ding! Wirst du
aber jedes Ding lieben,
dann wirst du auch
Gottes Geheimnis in
den Dingen erfassen."

Psalm 148

Halleluja!
Lobt den Herrn vom *Himmel* her,
lobt ihn in den Höhen:
Lobt ihn, all seine Engel,
lobt ihn, all seine Scharen.
Lobt ihn, Sonne und Mond,
lobt ihn, all ihr leuchtenden Sterne;
lobt ihn, alle Himmel
und ihr Wasser über dem Himmel!
Loben sollen sie den Namen des Herrn:
denn er gebot und sie waren erschaffen.
Er stellte sie hin für immer und ewig,
er gab ihnen ein Gesetz,
das sie nicht übertreten.

Lobt den Herrn, ihr auf der *Erde,*
ihr Seeungeheuer und all ihr Tiefen,
Feuer und Hagel, Schnee und Nebel,
du Sturmwind, der sein Wort vollzieht,
ihr Berge und all ihr Hügel,
ihr Fruchtbäume und alle Zedern,
ihr wilden Tiere und alles Vieh,
Kriechtiere und gefiederte Vögel,
ihr Könige der Erde und alle Völker,
ihr Fürsten und alle Richter auf Erden,
ihr jungen Männer und auch ihr Mädchen,
ihr Alten mit den Jungen!
Loben sollen sie den Namen des Herrn:
Denn sein Name allein ist erhaben,
seine Hoheit strahlt
über Erde und Himmel.

Eines Geistes sein

„Siehst du, wenn du nicht so getrödelt hättest, wäre uns der Zug nicht vor der Nase weggefahren!", ruft die Mutter ärgerlich. „Immer dasselbe! Du kannst ja nie pünktlich sein!" Der Vater geht ohne ein Wort zur Theke und lässt sich einen Korn einschenken.

„Nun sitzen wir bei all den Ausländern zwei Stunden hier im Wartesaal herum und frieren und öden uns an!" Die Mutter sieht sich wütend um. Tatsächlich sitzen fast nur Spanier, Griechen und Türken auf den harten Bänken. Sie haben wohl Spätschicht gehabt und warten auf den letzten Zug. Ingrid sitzt zusammengeduckt und ängstlich da. Wenn die Eltern sich bloß nicht wieder zanken vor all den Fremden!

Da holt auf einmal ein Spanier seine Gitarre heraus und klimpert ein paar Akkorde. Ein anderer stampft ein paarmal mit dem Fuß auf, wagt einige zögernde Schritte und beginnt dann in schnellem Rhythmus zu tanzen, während der andere mit harter, kehliger Stimme dazu singt.

Die anderen klatschen den Rhythmus mit. Der Tanz ist so mitreißend, dass alle Gespräche verstummen. Sogar der Vater hat sein Glas stehen lassen und kommt langsam näher.

Immer wieder werden Tänzer und Spieler angefeuert. Als sie erschöpft innehalten, stehen einige Griechen auf, fassen sich an den Schultern und fangen an, nach ihren griechischen Liedern zu tanzen, zuerst langsam und dann immer schneller.

„Mas! Mas!", schreien die Spanier. „Mehr, mehr!", rufen die wenigen Deutschen. Mutter ruft auch laut mit.

Vater ist dicht hinter Mutter getreten. „Ist das nicht großartig!", sagt er bewundernd. „Besser als im Fernsehen!", antwortet Mutter ihm lachend. „Ich friere gar nicht mehr!"

Geist

Wes Geistes Kind ist er?

Der Geist der Zeit

In seinem Geist handeln

Der Geist eines Vertrages

In unserer Klasse herrscht ein guter / schlechter Geist.

In Begeisterung geraten

Sturm der Begeisterung

Von allen guten Geistern verlassen

*In vielen Texten des Alten und Neuen Testaments ist vom Geist Gottes die Rede.
Überlege, was mit folgenden Bildworten gemeint sein kann:*

Der Geist des Herrn war über David
von diesem Tag an.

1 Samuel 16,13

Wenn aber der Geist aus der Höhe über uns
ausgegossen wird, dann wird die Wüste zum
Garten.

Jesaja 32,15

Gottes Geist in uns

Gott spricht:
Ich schenke ihnen
ein neues Herz
und schenke ihnen
einen neuen Geist.

Ich hauche euch
meinen Geist ein,
dann werdet ihr lebendig.
Schafft euch
ein neues Herz
und einen neuen Geist!

*Ezechiel
11,19; 37,14; 18,31*

Die Frucht des Geistes
ist Liebe, Freude,
Frieden, Freundlichkeit,
Güte, Treue.

Galater 5,22

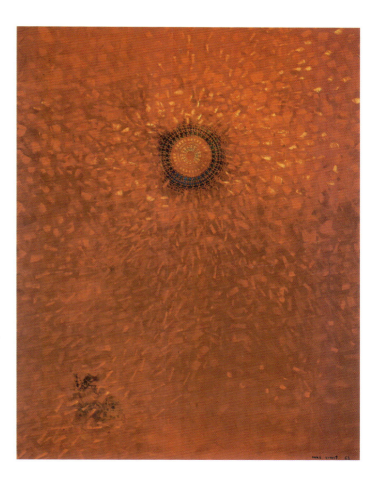

Abraham

Zieh weg

Vor langer Zeit lebte Abram (übersetzt: „Der Vater ist erhaben") im Ort Haran im Zweistromland. Er war reich, hatte viele Knechte und Mägde, viele Schafe und Kamele. Doch dann veränderte sich sein Leben:

Der Herr sprach zu Abram: „Zieh weg aus deinem Land, von deiner Verwandtschaft und aus deinem Vaterhaus in das Land, das ich dir zeigen werde. Ich werde dich zu einem großen Volk machen, dich segnen und deinen Namen groß machen. Ein Segen sollst du sein. Durch dich sollen alle Völker der Erde Segen erlangen."

Da zog Abram weg, wie der Herr ihm gesagt hatte. Er nahm seine Frau Sarai und seinen Neffen Lot mit. Sie wanderten nach Kanaan aus. Dort baute Abram dem Herrn einen Altar.

aus Genesis 12,1–8

So zahlreich wie die Sterne

Abram war alt geworden, aber er hatte keine Kinder. Das machte ihn traurig.

Das Wort des Herrn erging an Abram: „Fürchte dich nicht, Abram, ich bin dein Schild; dein Lohn wird sehr groß sein." Abram antwortete: „Herr, was willst du mir schon geben? Ich gehe doch kinderlos dahin." Da erging das Wort des Herrn an ihn: „Dein leiblicher Sohn wird dein Erbe sein." Und er führte ihn hinaus und sprach: „Sieh doch zum Himmel hinauf, und zähl die Sterne, wenn du sie zählen kannst." Und er sprach zu ihm: „So zahlreich werden deine Nachkommen sein."

Gott sprach zu Abraham: „Geh deinen Weg vor mir und sei rechtschaffen. Ich will einen Bund stiften zwischen mir und dir und dich zahlreich machen. Abraham (Vater der Menge) wirst du heißen."

aus Genesis 15,1–5; 17,1–5

Abraham – Vater der Menge

Mit auf dem Weg – mit am Tisch

Der Herr erschien Abraham bei den Eichen von Mamre. Abraham saß mittags vor seinem Zelt. Da sah er vor sich drei Männer stehen. Er warf sich vor ihnen zu Boden und sagte zu ihnen: „Mein Herr, sei mein Gast. Ich will euch einen Bissen Brot holen. Ruht euch unter dem Baum aus."

Abraham trug schnell seiner Frau Sara auf, Brotfladen zu backen, und dem Knecht, ein Kalb zu schlachten. Als es zubereitet war, setzte er ihnen Butter, Milch und das Kalb vor.

Da sprach der Herr zu Abraham: „In einem Jahr komme ich wieder zu dir, dann wird deine Frau Sara einen Sohn haben." Sara hörte am Zelteingang zu. Sie und Abraham waren schon alt. Da lachte Sara und sagte: „Soll ich wirklich noch Kinder bekommen, obwohl ich so alt bin?"

Der Herr sprach zu Abraham: „Warum lacht Sara? Ist beim Herrn etwas unmöglich? Nächstes Jahr um diese Zeit wird Sara einen Sohn haben."

aus Genesis 18,1–16

Abraham brach von dort auf und zog weiter in die Wüste.

Der Herr nahm sich Saras an, wie er gesagt hatte. Sara wurde schwanger und gebar dem Abraham noch in seinem Alter einen Sohn. Abraham nannte ihn Isaak.

Sara aber sagte: „Gott ließ mich lachen; nun habe ich im Alter noch einen Sohn geboren."

aus Genesis 21,1–7

Abraham – Gott begleitet

Wenn Gott verborgen ist

Abrahams Opfer

Abraham vertraute Gott. Immer wieder erfuhr er auf seinem Weg Gottes Schutz und seine Begleitung. Doch es gab für Abraham auch eine andere, dunkle, leidvolle Erfahrung mit Gott. Sie spiegelt sich in einer Legende von ihm und seinem Sohn Isaak.

Gott stellte Abraham auf die Probe und sagte: „Nimm deinen geliebten Sohn Isaak, geh in das Land Morija und bring ihn mir dort auf einem Berg als Brandopfer dar." Damals gab es bei vielen Völkern den Brauch, den Göttern Menschenopfer zu bringen.

Abraham tat, was Gott ihm aufgetragen hatte. Er nahm seinen Sohn, dazu Holz, Feuer und ein Messer. So gingen beide miteinander drei Tage lang.

Auf dem Berg baute Abraham einen Altar, schichtete das Holz auf und legte seinen Sohn darauf. Als er zum Messer griff, rief ihm der Engel des Herrn zu: „Abraham, streck deine Hand nicht gegen den Knaben aus. Denn jetzt weiß ich, dass du Gott fürchtest." Und Abraham sah im Gebüsch einen Widder, den brachte er Gott als Brandopfer dar.

Der Engel des Herrn rief Abraham zu: „Weil du das getan hast und deinen einzigen Sohn mir nicht vorenthalten hast, will ich dir Segen schenken in Fülle und deine Nachkommen zahlreich machen wie die Sterne am Himmel und den Sand am Meeresstrand. Segnen sollen sich mit deinen Nachkommen alle Völker der Erde, weil du auf meine Stimme gehört hast."

nach Genesis 22

Herr,
wie zahlreich sind meine Bedränger; so viele stehen gegen mich auf.
Viele gibt es, die von mir sagen: „Er findet keine Hilfe bei Gott."
Du aber, Herr, bist ein Schild für mich.

Psalm 3,2–4

Ijob

Leid betrifft alle Menschen. Menschen in Israel fragten danach, warum Gott Leid geschehen lässt. Eine ausreichende Antwort gab es auch für sie nicht, wohl aber wurden Erfahrungen mit Leid in einer Legende zusammengefasst, in der Erzählung von Ijob:

Ein Mann im Land Uz mit Namen Ijob war gut und gottesfürchtig. Er hatte sieben Söhne und drei Töchter und einen reichen Besitz. Doch eines Tages kam ein Bote und sagte ihm: „Feinde haben alle deine Tiere geraubt." Und ein anderer kam und sagte: „Deine Söhne und Töchter sind alle beim Einsturz eines Hauses umgekommen."

Da betete Ijob: „Nackt bin ich aus meiner Mutter Schoß gekommen und nackt werde ich wieder dahingehen. Der Herr hat's gegeben, der Herr hat's genommen; der Name des Herrn sei gelobt!"

Das Leid des Ijob nahm kein Ende. Geschwüre brachen auf und bedeckten ihn von der Fußsohle bis zum Scheitel. So saß er elend und arm auf der Erde und sein Schmerz war sehr groß.

aus Ijob 1

Hilf, Herr meines Lebens

Danach tat Ijob seinen Mund auf und sprach:
„Ausgelöscht sei der Tag, an dem ich geboren bin.
Die Pfeile des Allmächtigen stecken in mir.
Gottes Schrecken stellen sich gegen mich."

Ijob 3,1–3; 6,4

*Drei Freunde kamen zu Ijob, um ihn zu trösten.
Doch hilft das weiter, was sie sagen?
– Es wird doch alles wieder gut.
– Das ist eine Prüfung, die Gott dir schickt.
– Du hast sicher Schuld auf dich geladen,
   für die du nun von Gott bestraft wirst.*

Ijob klagt, Ijob fragt:
„Gott macht mein Herz verzagt,
der Allmächtige versetzt mich in Schrecken.
Wüsste ich doch, wie ich ihn finden könnte.
Dort würde ich mit ihm rechten."

aus Ijob 23

*Die Antworten der drei Freunde helfen Ijob nicht.
Auch Gott gibt ihm keine Antwort,
sondern stellt neue Fragen:*
„Wo warst du, als ich die Erde gegründet?
Hast du der Erde Breiten überblickt?
Wer bist du, dass du mich anklagst?
Kannst du nicht zwischen mir und dir unterscheiden?
Gibt dir die gewaltige Schöpfung nicht Hinweise genug,
dass ich dir unbegreiflich bin?"

nach Ijob 38–41

Ijob antwortete:
„Siehe, ich bin zu gering. Was kann ich dir erwidern?"

Ijob 40,3–4

*Die Legende von Ijob erzählt, dass er später wieder
Kinder hatte und auch reichen Besitz. Aber ist dieses Ende
wirklich eine Antwort auf seine Frage nach dem Leid?*

Spuren im Sand

Ein Mann hatte eines Nachts einen Traum. Er träumte, dass er mit Gott am Strand entlang spazieren ging, am Himmel zogen Szenen aus seinem Leben vorbei und für jede Szene waren Spuren im Sand zu sehen.

Als er auf die Fußspuren im Sand zurückblickte, sah er, dass manchmal nur eine da war. Er bemerkte weiter, dass dies zu Zeiten größter Not und Traurigkeit in seinem Leben so war. Deshalb fragte er den Herrn: „Herr, ich habe bemerkt, dass zu den traurigsten Zeiten meines Lebens nur eine Fußspur zu sehen ist. Du hast aber versprochen, stets bei mir zu sein. Ich verstehe nicht, warum du mich da, wo ich dich am nötigsten brauchte, allein gelassen hast."

Da antwortete ihm der Herr: „Mein liebes, teures Kind. Ich liebe dich und würde dich niemals verlassen. In den Tagen, wo du am meisten gelitten hast und mich am nötigsten brauchtest, da, wo du nur die eine Fußspur siehst, da trug ich dich auf meinen Schultern."

Mein Gott,
mein Gott,
warum hast du
mich verlassen,
bist fern
meinem Schreien,
den Worten
meiner Klage?

Psalm 22,2

Der Ferne...

Ijob heute

Menschen in Angst
und Einsamkeit,
in Krankheit und Leid;

Menschen in Not
und Verlassenheit,
in Streit und Krieg;

Menschen in Trauer
und Hoffnungslosigkeit,
in Elend und Bedrängnis.

...und der Nahe

Am Boden bin ich, Herr,
ich kann nicht mehr,
zerschlagen und zerschunden,
am Ende, wie die Leute sagen,
am Tiefpunkt angelangt.

Ganz unten bin ich, Herr,
in Dunkelheit und Bedrängnis,
wie Ijob in seinem Unglück.
Wer kann mir aufhelfen?
Wer mich erretten?

Wende du dich mir zu, Herr,
lass mich deine Nähe spüren,
lass mich nicht unten.
Zeige mir deine Barmherzigkeit,
halte mich in deinen Händen.

Hebe mich auf, Herr,
lass mich neues Licht erblicken,
schenke neues Leben mir,
zeige dich mir als Retter,
hebe mich auf zu dir!

*Der evangelische Pfarrer Dietrich Bonhoeffer wurde
1945 durch die Nazis hingerichtet. Er hatte Widerstand
gegen die Gewaltherrschaft Hitlers und gegen den
Krieg geleistet.*

*Kurz vor seinem Tod schrieb er im Gefängnis das
folgende Gedicht, das mit Leid und dem Vertrauen auf
Gott zu tun hat. Vergleiche den Text mit der Ijoblegende.*

Von guten Mächten treu und still umgeben,
behütet und getröstet wunderbar,
so will ich diese Tage mit euch leben
und mit euch gehen in ein neues Jahr.

Noch will das alte unsere Herzen quälen,
noch drückt uns böser Tage schwere Last,
ach, Herr, gib unsern aufgeschreckten Seelen
das Heil, für das du uns geschaffen hast.

Von guten Mächten wunderbar geborgen,
erwarten wir getrost, was kommen mag.
Gott ist bei uns am Abend und am Morgen
und ganz gewiss an jedem neuen Tag.

Preiset den Herrn

Gepriesen bist du, Herr,
gelobt und gerühmt in Ewigkeit.

Preist den Herrn, ihr *Himmel*;
lobt und rühmt ihn in Ewigkeit!

Preist den Herrn, Sonne und Mond;
lobt und rühmt ihn in Ewigkeit!

Preist den Herrn, ihr Sterne am Himmel;
lobt und rühmt ihn in Ewigkeit!

Preist den Herrn, aller Regen und Tau;
lobt und rühmt ihn in Ewigkeit!

Preist den Herrn, Feuer und Glut;
lobt und rühmt ihn in Ewigkeit!

Preist den Herrn, Frost und Hitze;
lobt und rühmt ihn in Ewigkeit!

Preist den Herrn, Eis und Kälte;
lobt und rühmt ihn in Ewigkeit!

Preist den Herrn, Licht und Dunkel;
lobt und rühmt ihn in Ewigkeit!

Die *Erde* preise den Herrn;
sie lobe und rühme ihn in Ewigkeit.

Preist den Herrn, ihr Berge und Hügel;
lobt und rühmt ihn in Ewigkeit!

Preist den Herrn, all ihr Gewächse;
lobt und rühmt ihn in Ewigkeit!

Preist den Herrn, ihr Meere und Flüsse
lobt und rühmt ihn in Ewigkeit!

Preist den Herrn, ihr Tiere des Meeres;
lobt und rühmt ihn in Ewigkeit!

Preist den Herrn, ihr Vögel am Himmel;
lobt und rühmt ihn in Ewigkeit!

Preist den Herrn, all ihr Tiere;
lobt und rühmt ihn in Ewigkeit!

Preist den Herrn, ihr Menschen;
lobt und rühmt ihn in Ewigkeit!

aus Daniel 3

Gott sah alles an,
was er gemacht hatte:
Es war sehr gut.

Genesis 1,31

Du Geheimnis unseres Lebens,
du bist ein unbegreiflicher Gott,
wie eine dunkle Wolke über uns hinzieht,
wie ein Windhauch, den wir spüren
und der gleich wieder vergeht.

Gott,
    ich preise …
        ich danke …
            ich bitte …
                ich lobe …
                    ich klage …
                        ich hoffe …
                            ich wünsche …
                                Gott!

Gott,
wir Menschen verstehen dich nicht,
du bist uns so fremd.
Lass uns deine Nähe spüren,
begleite uns von Tag zu Tag.

Mitten unter uns

Gott,
mitten unter uns
bist du geheimnisvoll da.
Mitten in unserem Leben
bist du bei uns.

Gott
mitten im Alltag
bist du unser Freund.
Mitten in Glück und Leid
bist du uns zugewandt.

Gott,
mitten im Leben
begleitest du uns.
Mitten in Sorgen und Freuden
bist du mit auf dem Weg.

Gott,
mitten unter uns
zeigst du uns deine Nähe.
Mitten in Angst und Hoffnung
hältst du uns in deiner Hand.

Gott,
bleibe mitten unter uns.

*Der aus Russland stammende Künstler Alexej von Jawlensky nennt dieses Bild
„Großes Geheimnis". Gegen Ende seines Lebens hat er viele solcher Bilder gemalt.
Ihm ging es dabei um das Geheimnis des Menschen.*

Wer bist du?

Jesus fragte seine Jünger: „Für wen halten die Leute den Menschensohn?" Sie sagten: „Die einen für Johannes den Täufer, andere für Elija, wieder andere für Jeremia oder sonst einen Propheten." Da sagte er zu ihnen: „Ihr aber, für wen haltet ihr mich?"

Matthäus 16,13–15

Eines Tages kam einer, der hatte
einen Zauber in seiner Stimme,
eine Wärme in seinen Worten,
einen Charme in seiner Botschaft.

Eines Tages kam einer, der hatte
eine Freude in seinen Augen,
eine Freiheit in seinem Handeln,
eine Zukunft in seinen Zeichen.

Eines Tages kam einer, der hatte
eine Hoffnung in seinen Wundern,
eine Kraft in seinem Wesen,
eine Offenheit in seinem Herzen.

Eines Tages kam einer, der hatte
eine Liebe in seinen Gesten,
eine Güte in seinen Küssen,
eine Brüderlichkeit
in seinen Umarmungen.

Eines Tages kam einer, der hatte
einen Geist in seinen Taten,
eine Treue in seinem Leiden,
einen Sinn in seinem Sterben.

Eines Tages kam einer, der hatte
einen Schatz in seinem Himmel,
ein Leben in seinem Tode,
eine Auferstehung in seinem Glauben.

Ich heiße Toma. Spätere Zeiten haben meinen Namen in Thomas umgeformt, aber Toma ist richtig. Toma ist aramäisch und bedeutet Zwilling. Ich habe nämlich noch einen Zwillingsbrüder, aber der ist hier nicht wichtig.

Wichtig wurde mir vielmehr ein ganz anderer Mensch. Dem bin ich gestern begegnet. Das lag an Andreas. Der hatte mich einfach mitgenommen. „Komm, hör dir mal an, was dieser Jeschua aus Nazaret zu sagen hat!"

So gingen wir zum Ufer des Sees. Jeschua war schon da. Er saß auf einem Stein, um ihn herum etwa zwanzig Leute, Männer und Frauen, alle auf dem Boden sitzend. Als wir näher kamen, nickte er Andreas zu, als ob er ihn schon erwartet hätte. Mich schaute er nur an, sagte nichts. Aber mir war, als ginge sein Blick bis in mein Innerstes. Nicht so, dass ich vor ihm Angst zu haben brauchte. Nein, so, als ob er mich ganz und gar erkennen würde, all das sehen, was mein Leben ausmacht. Noch nie hat mich einer so angesehen. Was ist das nur für ein Mensch?

Die Gute Nachricht

Das wahre Licht, das jeden Menschen erleuchtet, kam in die Welt.

Johannes 1,9

Jesus zog durch alle Städte und Dörfer, lehrte in ihren Synagogen, verkündete das Evangelium vom Reich und heilte alle Krankheiten und Leiden. Als er die vielen Menschen sah, hatte er Mitleid mit ihnen; denn sie waren müde und erschöpft wie Schafe, die keinen Hirten haben.

Matthäus 9,35–36

Jesus rief die zu sich, die er erwählt hatte und die er aussenden wollte, damit sie predigten. Die Zwölf waren: Simon, Petrus, Jakobus und Johannes, Andreas, Philippus, Bartholomäus, Matthäus, Thomas, Jakobus, der Sohn des Alphäus, Thaddäus, Simon Kananäus und Judas Iskariot.

aus Markus 3,13–19

Jesus sagte: „Der Geist des Herrn ruht auf mir; denn der Herr hat mich gesalbt. Er hat mich gesandt, damit ich den Armen eine gute Nachricht bringe."

Lukas 4,18

Evangelium –
Gute Nachricht,
Frohe Botschaft,
Hoffnungsworte,
Mutmachsprache,
Lebensrede.

Evangelium –
du bist nicht allein,
du brauchst keine Angst zu haben,
du kannst aufatmen,
ich bin bei dir,
Gott ist mit dir.

Evangelium –
nicht Macht und Unterdrückung
nicht Krieg und Streit,
nicht Hunger und Elend,
sondern Gottes Schalom,
Gerechtigkeit und Liebe.

Evangelium –
brich auf,
geh vorwärts,
mach dich auf den Weg,
auf einen guten Weg,
denn Gott ist mit dir.

Evangelium –
lass zurück,
was dich bindet,
was dich einengt,
schau auf das Ziel,
geh mit Gott.

Was ist das nur für ein Mensch? So habe ich mich immer wieder gefragt – damals bis heute. Er sprach über Gott und sein Reich in einer neuen Weise, man konnte ihm stundenlang zuhören. Vieles von den alten Glaubensdingen sprach er neu aus. Oft ging mir und den anderen ein Licht auf: So ist das zu verstehen. Doch anderes von seinen Worten verstand ich nicht. Wenn ich fragte, sah er mich wieder mit diesem Blick an, der in die Tiefe ging.

Eines Tages stieg er auf einen Berg, setzte sich und rief aus der Menge, die ihm folgte, zwölf zu sich. Ich war erschrocken, als auch ich dabei war. „Euch will ich senden", sagte er. „Ihr sollt die Frohe Botschaft vom Reich Gottes weitersagen an die Menschen in unserem Land."

Ich war stolz und ängstlich zugleich. Stolz, dass er mich ausgewählt hatte, ängstlich, wenn ich an die Aufgabe dachte, die er mir und den anderen übertrug. Würde ich es schaffen, in seinem Namen zu predigen, zu heilen, mich an die Menschen zu wenden?

Gott mit uns

Jesus sagte:
„Wer ohne Sünde ist,
werfe als erster
einen Stein auf sie."
Jesus sagte zu der Frau:
„Ich verurteile dich
nicht."

Johannes 8,7.11

Viele Zöllner und Sünder aßen mit Jesus und seinen Jüngern. Als dies die Schriftgelehrten sahen, sagten sie zu seinen Jüngern: „Wie kann er mit Zöllnern und Sündern essen?" Jesus hörte es und sagte zu ihnen: „Nicht die Gesunden brauchen den Arzt, sondern die Kranken."

aus Markus 2,15–17

Jesus sagte zu Zachäus: „Heute ist dir das Heil geschenkt worden. Denn der Menschensohn ist gekommen, um zu suchen und zu retten, was verloren ist."

Lukas 19,9–10

Da brachte man Kinder zu ihm, damit er ihnen die Hände auflegte. Die Jünger aber wiesen die Leute schroff ab. Als Jesus das sah, wurde er unwillig und sagte zu ihnen: „Lasst die Kinder zu mir kommen."

Markus 10,13–14

Jesus,
ein Name,
schon so oft gehört,
so viel wurde von ihm erzählt,
was ist mit diesem Jesus?

Jesus,
im Hebräischen heißt dieser Name:
„Gott ist Hilfe, Gott rettet!"
Wer sein Kind so nennt,
der hat Vertrauen zu Gott,
der glaubt an den Gott mit uns.

Jesus,
das ist nicht nur ein Name,
das ist Leben und Programm
dieses Jesus von Nazaret:
Er schenkte Gottes Hilfe denen,
die es nötig hatten:
den Armen im Volk,
den Geringen und Unterdrückten,
den Verachteten und Ausgestoßenen,
den Sündern und Gescheiterten,
den Suchenden und Fragenden,
den kleinen Kindern ebenso
wie den Kranken und Krüppeln.

Jesus,
Gott ist Hilfe,
Gott ist mit uns,
damals wie heute für alle,
die ihn brauchen,
auch für mich.

Immer wieder hat Jesus uns überrascht. Durch das, was er gesagt hat, und die Art, wie er es tat. Durch die Weise, wie er mit Menschen umgegangen ist. Das war anders, als man es gewohnt war. Wer hatte schon mit den verrufenen Zöllnern Tischgemeinschaft? Wer sprach schon mit Menschen, die einen schlechten Ruf hatten, die anders waren? Wer gab sich schon mit den kleinen Kindern ab, die noch nichts zu gelehrten Gesprächen beitragen konnten? Wir haben immer wieder gestaunt über unseren Meister, unseren Rabbi.

Und wir haben mit ihm gesprochen, ihn nach den Dingen gefragt, die wir nicht verstanden haben. Zum Beispiel, als er vom Weg sprach, auf dem wir ihm nachfolgen sollten, da habe ich gefragt: „Herr, wir wissen nicht, wohin du gehst, wie sollen wir dann den Weg kennen?" Da antwortete er mir mit einem Satz, den ich erst viel später, nach seinem Tod, verstehen sollte: „Ich bin der Weg und die Wahrheit und das Leben; niemand kommt zum Vater außer durch mich."

Neues Leben

Lazarus aus Betanien war krank. Daher sandten seine Schwestern Maria und Marta Jesus die Nachricht: „Herr, dein Freund ist krank." Jesus sagte: „Wir wollen nach Betanien gehen."

Als Jesus ankam, fand er Lazarus schon vier Tage im Grab liegen. Viele waren zu Marta und Maria gekommen, um sie wegen ihres Bruders zu trösten. Marta sagte zu Jesus: „Herr, wärst du hier gewesen, dann wäre mein Bruder nicht gestorben. Aber auch jetzt weiß ich: Alles, worum du Gott bittest, wird Gott dir geben."

Jesus sagte zu ihr: „Dein Bruder wird auferstehen." Marta sagte zu ihm: „Ich weiß, dass er auferstehen wird bei der Auferstehung am Letzten Tag." Jesus erwiderte ihr: „Ich bin die Auferstehung und das Leben. Wer an mich glaubt, wird leben, auch wenn er stirbt. Glaubst du das?" Marta antwortete ihm: „Ja, Herr, ich glaube, dass du der Messias bist, der Sohn Gottes, der in die Welt kommen soll."

Jesus ging zum Grab. Es war eine Höhle, die mit einem Stein verschlossen war. Jesus sagte: „Nehmt den Stein weg!" Marta entgegnete ihm: „Er ist bereits vier Tage tot." Jesus sagte zu ihr: „Habe ich dir nicht gesagt: Wenn du glaubst, wirst du die Herrlichkeit Gottes sehen?" Da nahmen sie den Stein weg.

Jesus aber betete: „Vater, ich danke dir, dass du mich erhört hast." Dann rief er: „Lazarus, komm heraus!" Da kam der Verstorbene heraus, seine Füße und Hände waren mit Binden umwickelt. Jesus sagte zu ihnen: „Löst ihm die Binden und lasst ihn weggehen!"

aus Johannes 11,1–44

Da sagte Jesus zu ihm:
„Geh! Dein Glaube hat dir geholfen."
Im gleichen Augenblick konnte
Bartimäus wieder sehen
und er folgte Jesus auf seinem Weg.

Markus 10,52

Außer sich vor Staunen sagten sie:
„Er hat alles gut gemacht; er macht,
dass die Tauben hören und die Stummen
sprechen."

Markus 7,37

Der Gelähmte stand sofort auf,
nahm seine Tragbahre und ging weg.
Da priesen alle Gott und sagten:
„So etwas haben wir noch nie gesehen."

Markus 2,12

Jesus,
du bist das Licht der Welt,
ein Sonnenstrahl von Gott für uns.

Jesus,
du bist die gute Hand,
die Gott uns Menschen reicht.

Jesus,
du bist die Quelle,
aus der das Wasser des Lebens strömt.

Jesus,
du bist das lebendige Brot,
das den Hunger der Menschen stillt.

Jesus,
du bist der Weg,
auf dem wir durchs Leben gehen.

Jesus,
du bist Freund und Bruder,
du bist Retter und Hoffnung für alle,
auch für mich.

Was wir mit Jesus erlebt haben, haben wir oft nicht einordnen und verstehen können. Wie er sprach und mit Menschen umging, war schon ungewöhnlich genug, aber manchmal geschah doch mehr als das. Da wirkte er mit einer unbegreiflichen Kraft. Es war uns, als spürten wir Gottes Kraft und Geist mitten unter uns. Das Wort des Propheten Jesaja ging in ihm in Erfüllung: „Gott selbst wird kommen und euch erretten. Dann werden die Augen der Blinden geöffnet, auch die Ohren der Tauben sind wieder offen. Dann springt der Lahme wie ein Hirsch, die Zunge des Stummen jauchzt auf."

Mir hat das Mut gemacht, mit diesem Jesus zu gehen. Auch dann, als er nach Jerusalem zurück wollte, dorthin, wo seine Feinde nur auf ihn warteten, um ihn umzubringen. Ich fühlte mich so mit Jesus verbunden, dass ich sogar gesagt habe: „Dann lasst uns mit ihm gehen, um mit ihm zu sterben."

Kreuz

Seht an das Holz des Kreuzes,
an dem der Herr gehangen.
Kommt, lasset uns anbeten!

O du hochheilig Kreuze…
… du bist die sichre Leiter
… du bist die starke Brücke
… du bist das Siegeszeichen
… du bist der Stab der Pilger
… du bist des Himmels Schlüssel

Bruder Jesus,
die Angst drückte dich
zu Boden.

Bruder Jesus,
du wurdest verhaftet.

Bruder Jesus,
du wurdest falsch verurteilt.

Bruder Jesus,
du wurdest bös verspottet.

Bruder Jesus,
du hast dein Kreuz getragen.

Bruder Jesus,
du bist am Kreuz gestorben.

Mein Gott, mein Gott,
warum hast du
mich verlassen,
bist fern meinem Schreien,
den Worten meiner Klage?

Eine Rotte von Bösen
umkreist mich.
Sie durchbohren mir
Hände und Füße.

Man kann alle meine
Knochen zählen;
sie gaffen
und weiden sich an mir.

Sie verteilen unter sich
meine Kleider
und werfen das Los
um mein Gewand.

Du aber, Herr,
halte dich nicht fern!
Du, meine Stärke,
eile mir zur Hilfe!

aus Psalm 22

Über das Kreuz hinaus

Das Kreuz ist das Letzte,
ist Ende und Schluss,
ist Abbruch und Tod.
Nach dem Kreuz kommt nichts mehr,
kann nichts mehr kommen.
Mit dem Kreuz ist alles aus,
mit dem Kreuz ist alles zerbrochen.
Auch dieser Jesus von Nazaret.

Das Kreuz ist ein Anfang,
ist Neubeginn und Aufbruch,
ist Hoffnung und Leben.
Mit dem Kreuz beginnt etwas Neues,
jetzt geschieht das Eigentliche.
Das Kreuz schenkt Hoffnung,
das Kreuz schenkt neuen Mut.
Durch diesen Jesus von Nazaret.

Deinen Tod,
o Herr,
verkünden wir,
und deine
Auferstehung
preisen wir,
bis du kommst
in Herrlichkeit.

Simon Petrus antwortete Jesus:
„Du bist der Messias,
der Sohn des lebendigen Gottes."

Matthäus 16,15

Jenseits des Kreuzes

Die ersten christlichen Gemeinden standen vor der Schwierigkeit, wie sie ihren Glauben an die Auferstehung Jesu ausdrücken und weitergeben sollten. Wie konnten sie davon erzählen, dass sie Jesus als lebend erfahren hatten und deshalb an ihn glaubten und ihm vertrauten? Johannes versucht in seinem Evangelium, diese Erfahrung Jesu mit folgender Erzählung wiederzugeben:

Thomas, genannt Didymus (Zwilling), einer der Zwölf, war nicht bei ihnen, als Jesus kam.
Die anderen Jünger sagten zu ihm: „Wir haben den Herrn gesehen."
Er entgegnete ihnen: „Wenn ich nicht die Male der Nägel an seinen Händen sehe und wenn ich meinen Finger nicht in die Male der Nägel und meine Hand nicht in seine Seite lege, glaube ich nicht."
Acht Tage darauf waren seine Jünger wieder versammelt und Thomas war dabei. Die Türen waren verschlossen. Da kam Jesus, trat in ihre Mitte und sagte: „Friede sei mit euch!"
Dann sagte er zu Thomas: „Streck deinen Finger aus – hier sind meine Hände! Streck deine Hand aus und leg sie in meine Seite, und sei nicht ungläubig, sondern gläubig!"
Thomas antwortete ihm: „Mein Herr und mein Gott!"
Jesus sagte zu ihm: „Weil du mich gesehen hast, glaubst du. Selig sind, die nicht sehen und doch glauben."

Johannes 20,24–29

Mit uns auf dem Weg

Die ersten christlichen Gemeinden machten auf vielfache Weise die Erfahrung des Auferstandenen. An diesen Erfahrungen haben wir Anteil in bildreichen Geschichten. Eine dieser Erzählungen steht am Ende des Johannesevangeliums:

Simon Petrus, Thomas, genannt Didymus (Zwilling), Natanaël aus Kana in Galiläa, die Söhne des Zebedäus und zwei andere von seinen Jüngern waren zusammen. Simon Petrus sagte zu ihnen: „Ich gehe fischen." Sie sagten zu ihm: „Wir kommen auch mit." Sie gingen hinaus und stiegen in das Boot. Aber in dieser Nacht fingen sie nichts.

Als es schon Morgen wurde, stand Jesus am Ufer. Doch die Jünger wussten nicht, dass es Jesus war. Jesus sagte zu ihnen: „Meine Kinder, habt ihr nicht etwas zu essen?" Sie antworteten ihm: „Nein." Er aber sagte zu ihnen: „Werft das Netz auf der rechten Seite des Bootes aus und ihr werdet etwas fangen." Sie warfen das Netz aus und konnten es nicht wieder einholen, so voller Fische war es. Da sagte der Jünger, den Jesus liebte, zu Petrus:

„Es ist der Herr!"

Als Simon Petrus hörte, dass es der Herr sei, gürtete er sich das Obergewand um, weil er nackt war, und sprang in den See. Dann kamen die anderen Jünger mit dem Boot – sie waren nämlich nicht weit vom Land entfernt, nur etwa zweihundert Ellen – und zogen das Netz mit den Fischen hinter sich her.

Als sie an Land gingen, sahen sie am Boden ein Kohlenfeuer und darauf Fisch und Brot. Jesus sagte zu ihnen: „Bringt von den Fischen, die ihr gerade gefangen habt." Da ging Simon Petrus und zog das Netz an Land. Es war mit hundertdreiundfünfzig großen Fischen gefüllt, und obwohl es so viele waren, zerriss das Netz nicht. Jesus sagte zu ihnen: „Kommt her und esst." Keiner der Jünger wagte ihn zu fragen: „Wer bist du?" Denn sie wussten, dass es der Herr war. Jesus trat heran, nahm das Brot und gab es ihnen, ebenso den Fisch. Dies war schon das dritte Mal, dass Jesus sich den Jüngern offenbarte, seit er von den Toten auferstanden war.

Johannes 21,2–13

Wer leben will wie Gott auf dieser Erde,
muss sterben wie ein Weizenkorn,
muss sterben, um zu leben.

Er geht den Weg, den alle Dinge gehen;
er trägt das Los, er geht den Weg,
er geht ihn bis zu Ende.

Der Sonne und dem Regen preisgegeben,
das kleinste Korn in Sturm und Wind
muss sterben, um zu leben.

Die Menschen müssen
füreinander sterben.
Das kleinste Korn, es wird zum Brot,
und einer nährt den andern.

Den gleichen Weg ist
unser Gott gegangen;
und so ist er für dich und mich
das Leben selbst geworden.

Die Künstlerin Gloria Friedmann hat für die Altarwand einer Kölner Kirche ein dreiteiliges Kunstwerk geschaffen, das sie „Phoenix" nennt. Dieser Name erinnert an eine altägyptische Erzählung von einem geheimnisvollen Vogel, der sich, als sein Tod nahte, ins Feuer stürzte und verbrannte, dann aber aus der Asche zu neuem Leben erstand. Der Phoenix wurde zum Symbol für neues Leben und Auferstehung. Deshalb sagt dieses Bildwerk Christen etwas.

Liebe ist nicht nur ein Wort,
Liebe, das sind Worte und Taten.
Als Zeichen der Liebe ist Jesus geboren,
als Zeichen der Liebe für diese Welt.

Freiheit ist nicht nur ein Wort,
Freiheit, das sind Worte und Taten.
Als Zeichen der Freiheit ist Jesus gestorben,
als Zeichen der Freiheit für diese Welt.

Hoffnung ist nicht nur ein Wort,
Hoffnung, das sind Worte und Taten.
Als Zeichen der Hoffnung ist Jesus lebendig,
als Zeichen der Hoffnung für diese Welt.

Geschenk Gottes

Den ersten christlichen Gemeinden war die Predigt über das Lehren und Leben Jesu wichtig, vor allem über sein Sterben und seine Auferweckung durch Gott. Über die Kindheit Jesu hat man am Anfang nicht nachgedacht. Erst später drückte man durch Erzählungen über die Geburt Jesu in bildhafter Sprache aus, dass Jesus bereits von Anfang an in besonderer Weise mit Gott verbunden und für die Menschen da war. Jesus ist das Geschenk Gottes an uns Menschen, in ihm begegnen sich Himmel und Erde. Die Evangelisten Lukas und Matthäus haben solche Kindheitsgeschichten Jesu aufgeschrieben:

Als sie dort waren, kam für Maria die Zeit ihrer Niederkunft, und sie gebar ihren Sohn, den Erstgeborenen. Sie wickelte ihn in Windeln und legte ihn in eine Krippe, weil in der Herberge kein Platz für sie war.

In jener Gegend lagerten Hirten auf freiem Feld. Da trat der Engel des Herrn zu ihnen und sagte: „Fürchtet euch nicht, denn ich verkünde euch eine große Freude, die dem ganzen Volk zuteil werden soll: Heute ist euch in der Stadt Davids der Retter geboren; er ist der Messias, der Herr. Und das soll euch als Zeichen dienen: Ihr werdet ein Kind finden, das, in Windeln gewickelt, in einer Krippe liegt."

aus Lukas 2,1–14

Als Jesus zur Zeit des Königs Herodes in Betlehem in Judäa geboren worden war, kamen Sterndeuter aus dem Osten nach Jerusalem und fragten: „Wo ist der neugeborene König der Juden? Wir haben seinen Stern aufgehen sehen und sind gekommen, um ihm zu huldigen."

Und der Stern zog vor ihnen her bis zu dem Ort, wo das Kind war; dort blieb er stehen. Als sie den Stern sahen, wurden sie von sehr großer Freude erfüllt. Sie gingen in das Haus und sahen das Kind und Maria, seine Mutter; da fielen sie nieder und huldigten ihm. Dann holten sie ihre Schätze hervor und brachten ihm Gold, Weihrauch und Myrrhe als Gaben dar.

aus Matthäus 2,1–12

Das Volk,
das im Dunkeln lebt,
sieht ein helles Licht;
über denen, die im Land
der Finsternis wohnen,
strahlt ein Licht auf.
Denn uns ist ein Kind geboren,
ein Sohn ist uns geschenkt.
Jesaja 9,5

Stern über Betlehem, zeig uns den Weg.

Ein Weihnachtsbild

Nicht Krippe und Stall, nicht Ochs und Esel, nur Licht und Dunkel, Helligkeit und Finsternis.

Die dunklen Farbtöne überwiegen und bedrücken, bilden die Form des Kreuzes. Menschen sind betroffen von Leid und Not, von Streit und Elend.

Doch dort, wo es am dunkelsten ist, strahlt ein Licht auf. Es ist noch klein, aber es verändert das Dunkel von innen heraus.

Neue Hoffnung strahlt auf: Gott kommt zum Menschen: *Weihnachten*.

Ein Osterbild

Nicht Dornenkrone und Nägel, nicht Fesseln und Blut, nur Licht und Dunkel, Helligkeit und Finsternis.

Breit überlagen der braun–violett–schwarze Balken das Bild: das Kreuz als Zeichen des Leidens und Sterbens, als Zeichen größter Not.

Doch mitten in der Dunkelheit geschieht die Wende, ist ein neuer Anfang zu erahnen: Das Licht verändert die Dunkelheit von innen heraus.

Neue Hoffnung strahlt auf: Gott kommt zum Menschen: *Ostern*.

Jesus, der Christus

Ich glaube an Gott.
Er hat die ganze Welt geschaffen.
Für uns ist er wie ein guter Vater
oder eine liebe Mutter.
Er liebt und versteht uns Menschen.

Ich glaube an Jesus Christus,
Gottes Sohn und unseren Bruder.
Er ist Mensch geworden,
um uns neu mit Gott zu verbinden.
Er ist für uns am Kreuz gestorben.
Er ist von den Toten auferstanden.

Ich glaube an den Heiligen Geist.
Er wirkt in unserer Welt
und in der Gemeinschaft der Kirche.
Er wirkt auch in mir
als Geist der Liebe und des Friedens.
Amen.

Christus war Gott gleich,
hielt aber nicht daran fest,
wie Gott zu sein,
sondern er machte sich klein
und den Menschen gleich.

Sein Leben war das eines Menschen,
er erniedrigte sich
und war gehorsam bis zum Tod,
bis zum Tod am Kreuz.

Darum hat ihn Gott über alle erhöht,
damit alle im Himmel,
auf der Erde und unter der Erde
ihre Knie beugen
vor dem Namen Jesu
und jeder Mund bekennt:
„Jesus Christus ist der Herr."

aus Philipperbrief 2,6–11

Das älteste Kirchenlied in deutscher Sprache ist ein Osterlied:

Christ ist erstanden
von der Marter alle.
Des solln wir alle froh sein;
Christ will unser Trost sein.
Kyrieleis.

Ich möcht', dass einer mit mir geht,
der's Leben kennt, der mich versteht,
der mich in allen Zeiten
kann geleiten.
Ich möcht', dass einer mit mir geht.

Ich wart', dass einer mit mir geht,
der auch im Schweren zu mir steht,
der in den dunklen Stunden
mir verbunden.
Ich wart', dass einer mit mir geht.

Es heißt, dass einer mit mir geht,
der's Leben kennt, der mich versteht,
der mich zu allen Zeiten
kann begleiten.
Es heißt, dass einer mit mir geht.

Sie nennen ihn den Herren Christ,
der durch den Tod gegangen ist,
er will durch Leid und Freuden
mich geleiten.
Ich möcht', dass einer mit mir geht.

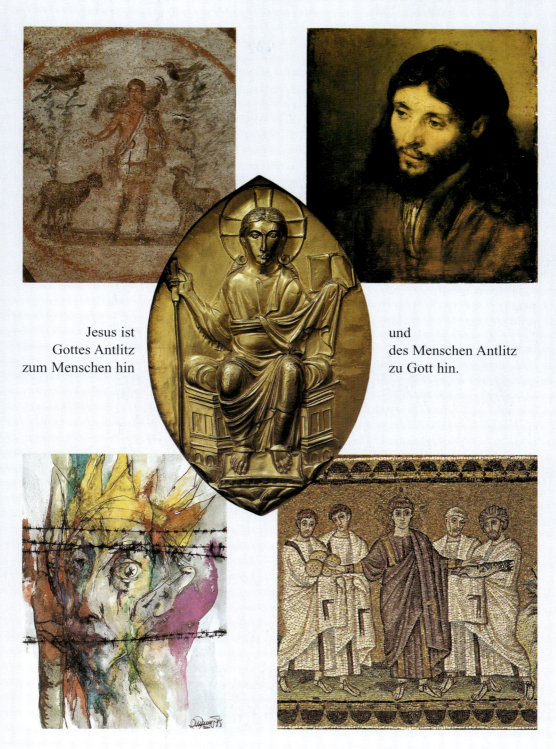

Jesus ist
Gottes Antlitz
zum Menschen hin

und
des Menschen Antlitz
zu Gott hin.

Begeistert

Zwei große Bauernhöfe lagen auf den gegenüberliegenden Hängen eines weiten Tales. Die beiden Besitzer verstanden sich gut, auch ihre Knechte und Mägde hatten keinen Streit. Oft feierten sie zusammen und hatten eine gute Zeit.

Eines Abends hörte der Bauer auf der rechten Seite Musik von der anderen Seite des Tals. „Geh und schau nach, was es da zu feiern gibt", trug er seinem jüngsten Knecht auf. Der machte sich auf den Weg und fand auf der anderen Seite eine fröhliche Gesellschaft vor. „Komm, feiere mit uns", hieß es und der Junge blieb gern, den Auftrag seines Herrn vergaß er schnell.

Als er nicht zurückkam, sandte der Bauer einen älteren Knecht auf die andere Seite. Doch auch der blieb beim Fest und dachte nicht daran, zurückzugehen und seinem Herrn vom Fest zu berichten.

Dem dritten und ältesten Knecht vertraute der Bauer und, ein wenig verärgert, schickte er ihn hinter den beiden anderen her. Schon bald aber tanzte auch dieser mit den anderen.

Da blieb dem Bauern gar nichts anderes übrig, als selber hinüberzugehen. Und was mit ihm geschah? Na, das könnt ihr euch doch denken. Sonst geht selber einmal rüber und seht, was mit euch geschieht ...

Pfingsten

Als der Pfingsttag gekommen war, befanden sich alle am gleichen Ort. Da kam plötzlich vom Himmel her ein Brausen, wie wenn ein heftiger Sturm daherfährt, und erfüllte das ganze Haus, in dem sie waren. Und es erschienen ihnen Zungen wie von Feuer, die sich verteilten; auf jeden von ihnen ließ sich eine nieder. Alle wurden mit dem Heiligen Geist erfüllt und begannen, in fremden Sprachen zu reden, wie es der Geist ihnen eingab.

In Jerusalem aber wohnten Juden, fromme Männer aus allen Völkern unter dem Himmel. Als sich das Getöse erhob, strömte die Menge zusammen und war ganz bestürzt; denn jeder hörte sie in seiner Sprache reden. Sie gerieten außer sich vor Staunen und sagten: „Sind das nicht alles Galiläer, die hier reden? Wieso kann sie jeder von uns in seiner Muttersprache hören? Wir alle hören sie in unseren Sprachen Gottes große Taten verkünden!"

Da trat Petrus auf, zusammen mit den Elf: „Ihr Juden und alle Bewohner von Jerusalem! Dies sollt ihr wissen: Hier geschieht, was der Prophet Joël gesagt hat: So spricht Gott: Ich werde meinen Geist ausgießen über alle Menschen."

Als sie Petrus hörten, fragten sie: „Was sollen wir tun, Brüder?" Petrus antwortete ihnen: „Kehrt um und jeder von euch lasse sich auf den Namen Jesu taufen; dann werdet ihr alle die Gabe des Heiligen Geistes empfangen."

Die nun, die sein Wort annahmen, ließen sich taufen.

aus Apostelgeschichte 2

Atem – Wind – Sturm Geist

geistesgegenwärtig
Geistesblitz
Kampfesgeist
Begeisterung steckt an
der Geist der Zeit
im Geiste eines Menschen handeln

1 Paulus wurde in Tarsus geboren, einer Stadt in Kleinasien (Türkei). Er war Jude und wurde nach dem ersten jüdischen König „Saul" genannt. Erst später nannte man ihn mit dem lateinischen Namen „Paulus". Saulus ging nach Jerusalem, um das Gesetz der Juden zu studieren. Er war ein von seiner Religion besonders überzeugter Mann.

Paulus

2 Jesus war Jude, auch seine Jünger. Doch die Erfahrung des Auferstandenen veränderte die Menschen, die sich zu Jesus bekannten. Nicht mehr das jüdische Gesetz war ihnen wichtig, sondern die Person Jesu. Ihn erkannten sie als den von Gott gesandten Retter, als Messias. Die Mächtigen im jüdischen Volk verstanden das nicht und wandten sich gegen sie ebenso wie sie sich gegen Jesus gewandt hatten. So kam es zur Verfolgung der ersten Christen in Jerusalem. Stephanus, einer aus der christlichen Gemeinde, wurde dabei getötet. Bei der Steinigung des Stephanus war Saulus dabei. Auch er verfolgte die ersten Christen in Jerusalem und an anderen Orten.

3 Saulus wollte Christen in der Stadt Damaskus gefangen nehmen. Unterwegs aber umstrahlte ihn plötzlich ein helles Licht. Er stürzte zu Boden und hörte eine Stimme: „Saul, Saul, warum verfolgst du mich?" Er antwortete: „Wer bist du, Herr?" Dieser sagte: „Ich bin Jesus, den du verfolgst." Als sich Saulus erhob, war er blind.

6 Schließlich kam Paulus nach Rom, der Hauptstadt des Römischen Reiches. Auch dort verkündete er das Evangelium von Jesus Christus. Nicht alle nahmen seine Botschaft an. Er wurde wegen seines Glaubens verfolgt und von den Römern mit dem Schwert hingerichtet. Zusammen mit Petrus ist Paulus eine der großen Gestalten der frühen Kirche, ohne ihn hätte die Geschichte der Christen einen anderen Verlauf genommen.

5 Schon bald begann Saulus, selber den Glauben an Jesus zu predigen. Von der Stadt Antiochia aus wurde er als Missionar nach Kleinasien, später nach Griechenland, geschickt. Dort bekehrte er viele Menschen zu Jesus. Paulus gründete überall Gemeinden, blieb aber nie lange an einem Ort. Seinen Gemeinden schrieb er deshalb Briefe und erklärte ihnen den christlichen Glauben. Einige dieser Briefe sind erhalten und heute Teile des Neuen Testaments.

4

Seine Begleiter führten ihn nach Damaskus. Dort lebte ein Christ mit Namen Hananias. Dem erschien der Herr und sagte: „Geh und leg Saulus die Hände auf, damit er wieder sieht." Hananias hatte Angst vor Saulus, doch der Herr sagte ihm: „Geh nur! Denn dieser Mann ist mein auserwähltes Werkzeug. Er soll meinen Namen allen Völkern bekannt machen." Hananias ging zu Saulus und legte ihm die Hände auf: „Bruder Saul, der Herr hat mich gesandt, Jesus, der dir auf dem Weg hierher erschienen ist. Du sollst mit heiligem Geist erfüllt werden." Sofort fiel es Saulus wie Schuppen von den Augen und er sah wieder. Er stand auf und ließ sich taufen.

In allen Völkern

Brif, bruf, braf

In einem Hof spielten einmal zwei Kinder ein äußerst lustiges Spiel. Sie dachten sich eine ganz besondere Sprache aus, in der sie miteinander reden konnten, ohne dass andere Leute eine Silbe davon verstanden. „Brif, braf", sagte der Erste. „Braf, brof", antwortete der Zweite. Und dann lachten alle beide ganz toll.

Im oberen Stock des Hauses saß ein alter Herr auf dem Balkon und las seine Zeitung. Im Haus gegenüber lehnte eine alte Frau zum Fenster hinaus. „Was sind das für dumme Kinder, die zwei da unten", sagte die Frau. Aber der alte Herr war nicht ihrer Meinung. „Das finde ich nicht." – „Sagen Sie mir nur nicht, dass Sie verstanden hätten, was sie eben gesagt haben." – „Doch, ich habe alles verstanden. Der Erste sagte: ‚Was für ein herrlicher Tag heute.' Und der Zweite antwortete: ‚Morgen wird es noch viel schöner.'"

Die alte Frau rümpfte die Nase, schwieg aber still, weil die Kinder unten im Hof wieder angefangen hatten, sich in ihrer Geheimsprache zu unterhalten. „Maraschi, barabaschi, piffirimoschi", sagte der Erste. „Bruf", antwortete der Zweite. Und wieder brach ihr tolles Gelächter los.

„Wollen Sie auch das wieder verstanden haben?", rief die alte Frau erbost ihrem Nachbarn zu. „Sicher", antwortete der alte Herr lächelnd. „Der Erste hat gesagt: ‚Wie sind wir doch froh, dass wir auf der Erde sind!' Und der Zweite hat ihm geantwortet: ‚Die Welt ist ganz wunderbar!'" – „Aber ist sie wirklich wunderbar, die Welt?", bohrte die alte Frau weiter. „Brif, bruf, braf!", antwortete der alte Herr.

Alle Menschen hatten die gleiche Sprache. Sie sagten: „Auf, bauen wir uns einen Turm bis zum Himmel." Man nannte die Stadt *Babel,* denn dort hat der Herr die Sprache aller Welt verwirrt.

aus Genesis 11

Die Menge in *Jerusalem* war ganz bestürzt, denn jeder hörte sie in seiner Sprache reden. Petrus sagte: „Hier geschieht, was der Prophet gesagt hat: So spricht Gott: Ich werde meinen Geist ausgießen über alle Menschen."

aus Apostelgeschichte 2

Alle, die gläubig geworden waren, bildeten eine Gemeinschaft und hatten alles gemeinsam. Sie verkauften Hab und Gut und gaben davon allen, jedem so viel, wie er nötig hatte. Tag für Tag verharrten sie einmütig im Tempel, brachen in ihren Häusern das Brot und hielten miteinander Mahl. Sie lobten Gott und waren beim ganzen Volk beliebt.
Die Gemeinde der Gläubigen war ein Herz und eine Seele.

Apostelgeschichte 2,43–46
und 4,32

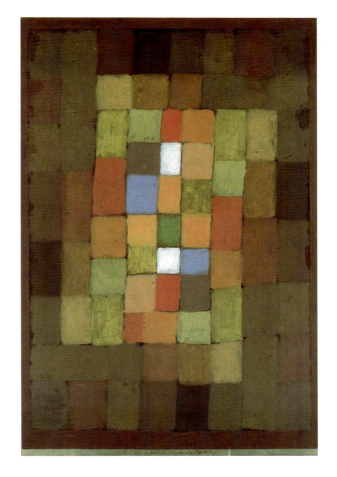

Die eine Erde

Christen
in allen Völkern

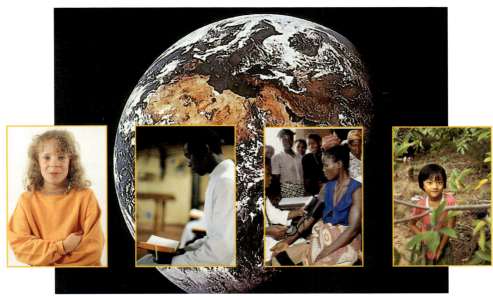

Eine Gemeinschaft

Paulus hatte die Gemeinde in der griechischen Stadt Korinth gegründet, blieb aber nicht lange dort. Schon bald wurde ihm berichtet, dass es Streit in der Gemeinde gab, verschiedene Gruppen hatten sich gebildet. Eine Gruppe nannte sich nach Paulus, eine andere nach dem Missionar Apollos, eine nach Kephas (dem Apostel Petrus) und wieder eine andere berief sich direkt auf Christus. Paulus schrieb mehrere Briefe nach Korinth und mahnte die Gemeinde zur Einheit.

Es wurde mir berichtet, dass es Zank und Streit unter euch gibt. Alle sagen etwas anderes: Ich halte zu Paulus – ich zu Apollos – ich zu Kephas – ich zu Christus. Ist denn Christus geteilt? Seid alle einmütig und duldet keine Spaltungen unter euch; seid ganz eines Sinnes und einer Meinung.

aus 1 Korinther 1,10–13

Damit alle eins seien

Heute gibt es Christen in aller Welt. Doch sie sind – wie damals in Korinth – in verschiedene Kirchen und Gruppen gespalten. Den Auftrag Jesu eins zu sein, haben Christen bislang nicht erfüllt. Es bleibt die Aufgabe, wieder zu einer Gemeinschaft zusammenzufinden. Solche Bemühungen um die Einheit der Christen nennen wir Ökumene.

In vielen Bereichen arbeiten Christen verschiedener Konfessionen gut zusammen, etwa im Bereich der Hilfe für die Armen. Im Bereich des Gottesdienstes fällt Christen eine solche Zusammenarbeit noch schwer. So gibt es nur wenige ökumenische Gottesdienste, bei denen Christen unterschiedlicher Konfessionen zusammenkommen.

Verantwortung füreinander

Die christliche Gemeinde in Jerusalem hatte schon bald unter Verfolgung zu leiden und war arm geworden. Paulus bittet in einem Brief die Gemeinde in Korinth, Geld für die notleidenden Schwestern und Brüder zu sammeln. Er erinnert daran, dass der Glaube an Jesus Christus von Jerusalem aus nach Korinth gekommen ist. So sind die Gemeinden im Namen Jesu Christi miteinander verbunden und tragen Verantwortung füreinander. Diese Verantwortung kann sich auch in Spenden und gegenseitiger Hilfe zeigen.

> Wer kärglich sät, wird auch kärglich ernten; wer reichlich sät, wird reichlich ernten. Jeder gebe, wie er es sich im Herzen vorgenommen hat, nicht verdrossen und nicht unter Zwang; denn Gott liebt einen fröhlichen Geber. Eure Gabe füllt nicht nur die leeren Hände, sondern ist auch Dank an Gott.
>
> *aus 2 Korinther 9,6–12*

Heute gibt es Christen in aller Welt. Doch sie haben ganz unterschiedliche Lebenschancen, viele sind arm, einige reich, besonders in Europa und Nordamerika. So gilt – wie damals in Korinth – die Verantwortung der Christen füreinander. Durch große Hilfswerke, aber auch durch viel Engagement einzelner Christen, wird Hilfe für die Armen geleistet.

Im katholischen Bereich gibt es die großen Hilfswerke Caritas, Renovabis, Misereor, Adveniat und Missio. In der evangelischen Kirche sind dies Diakonie und Brot für die Welt. Zudem gibt es noch eine Reihe kleinerer Hilfswerke. Viele christliche Gemeinden haben auch Partnergemeinden in anderen Ländern, denen sie verbunden sind.

Zeichen der Liebe Gottes

Sakramente

Sakramente sind wie Fenster, durch die das Licht Gottes zu den Menschen kommt, seine Liebe und Güte, seine Treue und Menschenfreundlichkeit. Als Zeichen an bestimmten, wichtigen Ereignissen des Lebens sind die Sakramente Geschenke des liebenden Gottes: Er lässt die Menschen gerade an wichtigen Stellen ihres Lebens nicht allein, sondern stützt und begleitet sie.

Die katholische Kirche kennt sieben Sakramente. Das hat mit der heiligen Zahl „sieben" zu tun, die für die Vollkommenheit steht. Die „sieben" Sakramente meinen also, dass Gott das Leben der Menschen ganz und gar umfängt, trägt und hält.

Taufe und Eucharistie

Unter den sieben Sakramenten sind die Taufe und die Eucharistie hervorgehoben. In der evangelischen Kirche werden sogar nur diese beiden mit dem Wort Sakrament bezeichnet.

Die *Taufe* ist das Eingangssakrament. Sie schafft eine grundlegende Bindung des Menschen an Gott, sie vermittelt Gemeinschaft mit Jesus Christus und zugleich mit der Gemeinschaft der Kirche. Die Taufe ist das erste Sakrament.

Diese doppelte Gemeinschaft mit Jesus und den Christen wird in der *Eucharistie* immer wieder neu bestätigt und gefeiert. Die Eucharistie ist das „alltägliche" Sakrament, das immer wieder Kraft gibt. Das griechische Wort „Eucharistie" heißt Danksagung: Christen danken Gott.

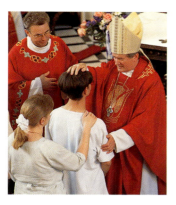

Die *Firmung* bestätigt die Taufe. Gott spricht erneut sein Ja zum Herangewachsenen – und der bekennt sich zum Glauben.

Die Liebe von Mann und Frau im Sakrament der *Ehe* ist ein Abbild der Liebe Gottes zum Menschen.

Die *Beichte* ist die sakramentale Form der Buße. Durch sie geschieht Versöhnung zwischen Gott und Mensch.

Die anderen Sakramente

Im Sakrament der *Priesterweihe* bestimmt Gott Männer zum lebenslangen, besonderen Dienst an der Kirche. Mit der Verkündigung des Wortes Gottes und der Spendung der Sakramente dienen sie der Gemeinschaft der Glaubenden.

Die *Krankensalbung* spricht dem Kranken den besonderen Schutz Gottes zu.

Heilige Zeichen,
die auf Gott verweisen,
darauf, dass wir
und alles Leben
in seinen Händen sind,
angewiesen auf seinen Segen.

Heilige Zeichen,
die unsere Welt deuten,
die auf die Tiefe verweisen,
zum Grund unseres Lebens,
zu Gott.

Heilige Zeichen,
die immer wieder neu
Trost und Hilfe geben,
Stärkung und Halt,
Segen und Kraft
des lebendigen Gottes.

Ich glaube

Ich glaube, dass es morgen Regen gibt.
Ich bin mir nicht sicher.
Ich vermute einmal.
Ich nehme es an.
Ich weiß es nicht, aber ich glaube.

Ich glaube fest an dich.
Ich vertraue dir.
Ich stehe zu dir.
Ich halte zu dir
Ich binde mich an dich.

Der Glaube der Christen bedeutet, dass Menschen sich an Gott als den Urgrund und das Geheimnis ihres Lebens binden, Christen binden sich an Jesus und sehen ihn als Weg für ihr eigenes Leben an. Christen vertrauen auf den Geist Gottes und darauf, dass er auch in ihrem Leben wirkt.

Diesen Glauben drücken Christen vor allem in ihrem Leben aus. Schon früh aber begannen sie, den gemeinsamen Glauben auch in gemeinsamen Sätzen auszudrücken, in Glaubensbekenntnissen. Solche Bekenntnisse sind oft sehr knapp und dadurch manchmal schwer zu verstehen.

Ein frühes Glaubensbekenntnis

In den ersten Jahrhunderten wurden Christen häufig wegen ihres Glaubens verfolgt. Sie nutzten deshalb ein Geheimzeichen, den Fisch. Das griechische Wort für Fisch ist nämlich „ICHTHYS". Diese Buchstaben lassen sich einzeln als die griechischen Anfangsbuchstaben eines Bekenntnisses zu Jesus lesen:

I = Jesus
CH = Christus
TH = (theou) Gottes
Y = (yios) Sohn
S = (soter) Erlöser

Manchmal zeichneten sich die Christen deshalb einen Fisch in die Hand, um anderen Menschen ihren Glauben an Jesus zu zeigen.

Jesus

Ich habe einmal, kniend im Steppensand, mit einigen Hereros in Südwestafrika das Mahl des Herrn gefeiert. Keiner verstand auch nur einen Laut von der Sprache des anderen. Aber als ich mit der Hand das Kreuzzeichen machte und den Namen „Jesus" aussprach, strahlten ihre dunklen Gesichter auf. Wir aßen dasselbe Brot und tranken aus demselben Kelch. Wir hatten uns zuvor nie gesehen. Soziale und kulturelle Grenzen standen zwischen uns. Und doch umschlossen uns Arme, die nicht von dieser Welt sind.

Apostolisches Glaubensbekenntnis

Einige Zeit später fassten Christen ihren Glauben in einen Text zusammen, der Apostolisches Glaubensbekenntnis genannt wird, weil er den Glauben der Apostel (und damit der ersten Christen) wiedergibt. Dieses Bekenntnis ist auch heute noch für Christen in allen Kirchen wichtig. Hier nur einige Auszüge, den vollständigen Text findest du im Gotteslob in der Nummer 2,5.

Ich glaube an Gott, den Vater,
den Allmächtigen,
den Schöpfer des Himmels und der Erde,

und an Jesus Christus,
seinen eingeborenen Sohn,
unseren Herrn.

Ich glaube an den Heiligen Geist,
die heilige, katholische Kirche,
Auferstehung der Toten
und das ewige Leben.
Amen.

Juden und Christen

Das *Judentum* ist eine kleine Religion, nur etwa 20 Millionen Menschen gehören dazu. Dennoch stellt das Judentum für Christen die Wurzel des eigenen Glaubens dar, denn Jesus war Jude und seine Botschaft ist aus dem jüdischen Glauben erwachsen.

Für Juden sind Abraham, Mose und David prägende Gestalten. *Abraham* und seine Nachkommen Isaak und Jakob sind die „Väter des Glaubens". *Mose* ist der Anführer und Gesetzgeber. *David* ist der große König, der Jerusalem zur Hauptstadt machte.

Der Glaube der Juden ist gefasst in den Schriften der *Hebräischen Bibel.* Zu ihr gehören die Tora (Lehre, Unterweisung – dies sind in der christlichen Bibel die fünf Bücher Mose), die Schriften der Propheten und die anderen Schriften. Die Hebräische Bibel ist fast mit dem ersten Teil der christlichen Bibel, dem Alten, Ersten Testament, gleich.

Für Juden ist *Jerusalem* und dort besonders die Klagemauer ein heiliger Ort. Der siebenarmige Leuchter *(Menorah)* ist ein Symbol für das Judentum. Die Schriftrollen der *Tora* werden oft festlich geschmückt.

Mit 13 Jahren werden Jungen (Bar-Mizwa = Sohn der Pflicht) und Mädchen (Bat-Mizwa = Tochter der Pflicht) in einer Feier zum Halten der Glaubensgebote verpflichtet. Der Junge liest danach erstmalig beim Gottesdienst aus der Tora vor.

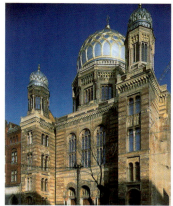

Der *Sabbat* ist der Ruhetag der Juden, jede Arbeit ist verboten. Die Sabbatfeier beginnt am Freitagabend mit einem gemeinsamen Essen. Dabei dankt die Familie Gott.

Die *Synagoge* ist der Versammlungsraum der Juden. Hier kommt man vor allem am Sabbat und zu den Festen zum gemeinsamen Beten und zum Hören der Worte der Tora zusammen.

Schoah

Für den Maler Marc Chagall ist Jesus in diesem Bild ein leidender Jude. An ihm zeigt sich das Leid, das Juden in der Geschichte angetan wurde.

Während der Zeit des Nationalsozialismus wurden in Europa die Juden verfolgt und Millionen ermordet. Dieses Verbrechen wird „Schoah" oder „Holocaust" genannt. Auch Christen trugen Mitschuld daran.

Das Verhältnis zwischen Juden und Christen ist durch diese Schuld schwer belastet.

Christen und Muslime

Der *Islam* ist eine der großen Religionen der Welt. Fast eine Milliarde Menschen bekennen sich zu ihm. Das Wort Islam bedeutet „Hingabe an Gott". *Muslime,* die Anhänger des Islam, erkennen Gott als den Größten und Mächtigen an und versuchen, ihr Leben ganz auf ihn auszurichten. Alles im alltäglichen Leben soll vom Glauben an Gott her bestimmt sein. Das Glaubensbekenntnis, die *„Shahada"* – „Es gibt keinen Gott außer dem einzigen Gott. Mohammed ist der Gesandte Gottes." – ist für jeden Muslim grundlegend. Sie wird oft kunstvoll in Arabisch geschrieben.

Der *Koran* ist das heilige Buch des Islam. Für Muslime ist dieses Buch unmittelbar von Gott gegeben, seine Sätze und Lehren sind unumstößlich.

Die Stadt *Mekka* in Saudi-Arabien ist die heilige Stadt der Muslime. An der *Kaaba,* einem großen schwarzen Stein, hat bereits *Mohammed,* der Prophet und Gründer des Islams, Gott verehrt.
Für Muslime gibt es fünf wichtige Pflichten (die fünf Säulen des Islam): Das Glaubensbekenntnis, das fünfmalige Gebet jeden Tag, das Almosen für die Armen, das Fasten im Monat Ramadan, die Wallfahrt nach Mekka einmal im Leben.

Der *Koran* und seine Texte (Suren) bestimmen das Leben der Muslime. So lernen Kinder in der Koranschule bereits früh Teile des Koran in arabischer Sprache auswendig. Muslime glauben, dass Mohammed den Koran von einem Engel Gottes erhalten hat.

Der *Freitag* ist der Ruhetag der Muslime. Dann kommen die Gläubigen zum Freitagsgebet zusammen. Sie erfahren die Gemeinschaft ihres Glaubens und verehren zusammen Gott.

Die *Moschee* ist der Versammlungsraum, in dem Muslime zusammenkommen. Man kniet dort auf dem Boden, betet miteinander und hört auf die Worte des Iman, des Gemeindeleiters.

Allah

Muslime nennen den einen Gott mit dem arabischen Wort für Gott: „Allah". Allah ist also kein Name, sondern der arabische Begriff für den einen Gott, den auch Juden und Christen verehren. Muslime glauben, dass wir von Gott 99 Namen wissen können, der 100. bleibt unaussprechlich. Die 99 Namen Gottes sind in dem Bild mit den Rosen in arabischer Schrift versteckt.

Obwohl Christentum und Islam aus der gleichen Wurzel, dem Judentum, stammen und den einen Gott verehren, hat es in der Geschichte viel Streit und Krieg zwischen ihnen gegeben.

Die Religionen der Welt

Himmelsleitern

Die Religionen der Welt binden Himmel und Erde, Gott und die Menschen aneinander. Sie sind wie Leitern zum Himmel, zum Größeren, zum Tieferen, zu Gott. Vieles in den Religionen unterscheidet sich, aber es gibt auch viel Gemeinsames. Es lohnt sich, die verschiedenen „Himmelsleitern" in unserer Welt kennen zu lernen.

Die alten Religionen

Die alten Religionen der Griechen, Römer, Germanen und anderer Völker gibt es so nicht mehr. Vieles von ihnen ist aber in die heutigen Religionen eingegangen.

Afrikanische Religionen

Afrikaner erfahren Gott, den Urheber des Lebens, vor allem in den Kräften der Natur. In Tanz und Fest feiern sie ihn.

Indianische Religionen

Auch Indianer fühlen sich sehr mit der Natur verbunden. Sie verehren „Wakan Tanka", den „Großen Geist".

Hinduismus

Die Religionen Indiens verehren viele Götter, meinen aber das eine Göttliche, das hinter allem liegt und mit dem der Mensch zunnehmend eins werden soll.

Ökumene der Religionen

Es gibt nicht nur die „Ökumene" der Christen, das Bemühen um ihre Gemeinschaft. Es gibt auch eine Ökumene der Religionen, damit für alle Frieden, Gerechtigkeit und menschenwürdiges Leben entstehen kann. Im „Haus der Welt" müssen alle lernen, in Frieden miteinander auszukommen, Juden, Christen und Muslime, Hindus und Buddhisten und alle anderen. Auch Menschen verschiedenen Glaubens sollen sich gemeinsam um den Frieden bemühen, so wie es der Papst und Vertreter der großen Religionen vor einigen Jahren in Assisi taten.

Buddhismus

Im Buddhismus versuchen Menschen vor allem durch Meditation, für sich einen Weg zu finden, durch den sie das Leid der Welt überwinden können.

Dazu stehe ich –
Schutz des Lebens

Ich liebe dich, schöne Erde!

Die Morgenröte kleidet sich
in ihr Lichtgewand.
Sie will Ehre erweisen
dem Schöpfer der Menschen.
Der hohe Himmel
legt die Decke seiner Wolken von sich.
Er beugt sich
vor dem Schöpfer der Menschen.
Die Sonne,
die Königin unter den Sternen,
breitet ihre Strahlen aus
wie goldenes Haar.
Der Wind, der über die Erde geht,
streichelt auf seinem Wege
die Wipfel der Bäume
und wir hören ihn reden
in den Zweigen.
In den Bäumen singen die Vögel
und bringen ihr Lied dar
dem Herrn der Erde.
Die Blumen breiten ihre Farben aus
und ihren Duft.
Es ist herrlich, sie zu sehen.

So rühmt auch mein Herz dich,
meinen Vater,
bei jeder Morgenröte aufs Neue,
du, mein Schöpfer.

Morgengebet der Indianer

Du schonst alles, weil es dein Eigentum ist, Herr, du Freund des Lebens.
Weisheit 11,26

An jenem Tag schließe ich für euch einen Bund mit den Tieren
des Feldes und den Vögeln des Himmels und mit allem,
was auf dem Erdboden kriecht.
Ich zerbreche Bogen und Schwert, es gibt keinen Krieg mehr
im Land, ich lasse euch Ruhe und Sicherheit finden.
Hosea 2,20

Gott ist der Freund des Lebens, der Mensch muss es erst noch werden.

Nach der Rede des Indianerhäuptlings Seattle ist ein Liedtext entstanden:
Jeder Teil dieser Erde ist meinem Volk heilig.

Dazu gibt es auch eine andere Textfassung:
Dass jeder Teil dieser Erde, Luft, Wasser, Land, jede Pflanze, jedes Tier,
dass jeder Mensch geachtet werde, dafür vor allem leben wir.

Dazu stehe ich – Gerechtigkeit und Frieden

Das Lied vom einen Haus

Es leben heute zusammen
in ein und demselben Haus
Menschen aus allen Völkern
in ein und demselben Haus

Die zwanzig, die da oben wohnen
das sind die reicheren Nationen
die achtzig in den untern Räumen
von Wohlstand können die nur träumen

Es leben heute zusammen
in ein und demselben Haus
Menschen aus allen Völkern
in ein und demselben Haus

Die wenigen, die oben prassen
das sind die auserwählten Rassen
die tüchtigen, die weißen Brüder
die teilen unter sich die Güter

Wann leben endlich zusammen
in ein und demselben Haus
Menschen wie Brüder und Schwestern
in ein und demselben Haus?

Die Völker, Rassen, Religionen
sie sollen beieinander wohnen
in einem Haus, auf einer Erde
Herr, sprich erneut dein Wort: Es werde!

Viele kleine Leute an vielen kleinen Orten,
die viele kleine Schritte tun, können das Gesicht der Welt verändern.
aus Afrika

Alle Menschen sind gleich wie die Zähne von einem Kamm.
Mohammed

Ihr habt gehört, dass gesagt worden ist:
Du sollst deinen Nächsten lieben und deinen Feind hassen.
Ich aber sage euch: Liebt eure Feinde!
Matthäus 5, 43–44

Unsere Erde ist nur ein kleines Gestirn im großen Weltall.
An uns liegt es, daraus einen Planeten zu machen,
dessen Geschöpfe nicht von Kriegen gepeinigt werden,
nicht von Hunger und Furcht gequält,
nicht zerrissen in sinnlose Trennung nach Rasse, Hautfarbe oder Weltanschauung.
Gib uns den Mut und die Voraussicht, schon heute mit diesem Werk zu beginnen,
damit unsere Kinder und Kindeskinder einst mit Stolz den Namen Mensch tragen.
Gebet der Vereinten Nationen

Brücken bauen

„Du hast einen schönen Beruf", sagte das Kind zum alten Brückenbauer, „es muss sehr schwer sein, Brücken zu bauen."

„Wenn man es gelernt hat, ist es leicht", sagte der alte Brückenbauer, „es ist leicht, Brücken aus Beton und Stahl zu bauen. Die anderen Brücken sind viel schwieriger", sagte er, „die baue ich in meinen Träumen."

„Welche anderen Brücken?", fragte das Kind.

Der alte Brückenbauer sah das Kind nachdenklich an. Er wusste nicht, ob das Kind es verstehen würde. Dann sagte er:

„Ich möchte eine Brücke bauen – von der Gegenwart in die Zukunft. Ich möchte eine Brücke bauen von einem zum anderen Menschen, von der Dunkelheit in das Licht, von der Traurigkeit zur Freude. Ich möchte eine Brücke bauen von der Zeit in die Ewigkeit, über alles Vergängliche hinweg."

Das Kind hatte aufmerksam zugehört. Es hatte nicht alles verstanden, spürte aber, dass der alte Brückenbauer traurig war. Weil es ihn wieder froh machen wollte, sagte das Kind: „Ich schenke dir meine Brücke." Und das Kind malte für den Brückenbauer einen bunten Regenbogen.

Der Mensch bringt seine Haare
täglich in Ordnung,
warum nicht auch sein Herz?
aus China

„Du bist zeitlebens für das verantwortlich, was du dir vertraut gemacht hast."

Was bedeutet: sich „vertraut" machen?

„Wenn du mich zähmst, werden wir einander brauchen. Du wirst für mich einzig sein in der Welt. Ich werde für dich einzig sein in der Welt …"

Wenn ich in den Sprachen der Menschen und Engel redete,
hätte aber die Liebe nicht,
wäre ich dröhnendes Erz oder eine lärmende Pauke.
Und wenn ich alle Geheimnisse wüsste und alle Erkenntnis hätte,
hätte aber die Liebe nicht, wäre ich nichts.
Am größten ist die Liebe.
1 Korinther 13,1–2.13

Liebe deinen Nächsten wie dich selbst,
heißt es in der Bibel.
Anders gesagt:
Lerne dich selber anzunehmen
mit deinen guten und schlechten Seiten.
Danach wirst du bereit werden,
auch einen anderen anzunehmen
mit seinen guten und schlechten Seiten.

Weil es Liebe gibt,
bin ich ins Leben gekommen.
Weil es Liebe gibt,
ist das Leben lebenswert.
Damit die Liebe nicht aufhört,
möchte ich selber
Liebe verschenken
jeden Tag, immer neu.

Tod mitten im Leben

Gott erbarmt sich über alle, die ihn fürchten,
denn er weiß, was wir sind:
Wir sind nur Staub.
Des Menschen Tage sind wie Gras,
er blüht wie die Blume des Feldes.
Fährt der Wind darüber, ist sie dahin;
der Ort, wo sie stand, weiß von ihr nichts mehr.

Psalm 103,13–16

Mitten wir im Leben sind mit dem Tod umfangen.
Wer ist, der uns Hilfe bringt, dass wir Gnad erlangen?
Das bist du, Herr, alleine …

Lied aus dem 8. Jahrhundert, von Martin Luther weitergedichtet.

Der Tod und der Gänsehirt

Einmal kam der Tod über den Fluss, wo die Welt beginnt. Dort lebte ein armer Hirt, der eine Herde weißer Gänse hütete. „Du weißt, wer ich bin, Kamerad?", fragte der Tod.

„Ich weiß, du bist der Tod. Ich habe dich auf der anderen Seite hinter dem Fluss oft gesehen."

„Du weißt, dass ich hier bin, um dich zu holen und dich mitzunehmen auf die andere Seite des Flusses?"

„Ich weiß. Aber das wird noch lange dauern."

„Oder wird nicht mehr lange sein. Sag, fürchtest du dich nicht?"

„Nein", sagte der Hirt. „Ich habe immer über den Fluss geschaut, seit ich hier bin, ich weiß, wie es dort ist."

„Gibt es nichts, was du mitnehmen möchtest?"

„Nichts, denn ich habe nichts."

„Nichts, worauf du hier noch wartest?"

„Nichts, denn ich warte auf nichts."

„Dann werde ich jetzt weitergehen und dich auf dem Rückweg holen. Brauchst du noch etwas, wünschst du dir noch was?"

„Brauche nichts, hab' alles", sagte der Hirt. „Ich habe eine Hose und ein Hemd und ein Paar Winterschuhe und eine Mütze. Ich kann Flöte spielen, das macht lustig. Meine Gänse verstehn nicht viel von Musik."

Als dann der Tod nach langer Zeit wiederkam, gingen viele hinter ihm her, die er mitgebracht hatte, um sie über den Fluss zu führen.

Da war ein Reicher dabei, ein Geizhals, der zeit seines Lebens wertvolles und wertloses Zeug an sich gerafft hatte: Klamotten, auch Gold und Aktien und fünf Häuser mit etlichen Etagen. Der

Mann jammerte und zeterte: „Noch fünf Jahre, nur noch fünf Jahre hätte ich gebraucht, und ich hätte noch fünf Häuser mehr ge-habt. So ein Unglück, so ein Unglück, verfluchtes!" Das war schlimm für ihn.

Ein Rennfahrer war unter ihnen, der zeit seines Lebens trainiert hatte, um den großen Preis zu gewinnen. Fünf Minuten hätte er noch gebraucht bis zum Sieg. Da erwischte ihn der Tod.

Ein Berühmter war dabei, dem ein Orden gefehlt hatte, nur ein einziger Orden, für den er Jahre aufgewendet hatte, da holte ihn der Bruder Tod. Das war schlimm für ihn.

Dann war da ein junger Mensch, der hatte an seiner Braut gehangen, denn sie waren ein Liebespaar gewesen, und keiner konnte ohne den anderen leben. Ein schönes Fräulein war dabei mit langen Haaren.

Und viele Reiche, die jetzt nichts mehr besaßen, und noch mehr Arme, die jetzt auch nicht das besaßen, was sie gerne hätten haben wollen.

Ein alter Mann war freiwillig mitgegangen. Aber auch er war nicht froh, denn siebzig Jahre waren vergangen, ohne dass er das bekommen hatte, was er hätte haben wollen. Schlimm für sie alle.

Als sie an den Fluss kamen, wo die Welt aufhört, saß dort der Hirt. Und als der Tod ihm die Hand auf die Schulter legte, stand er auf, ging mit über den Fluss, als wäre nichts, und die andere Seite hinter dem Fluss war ihm nicht fremd.

Er hatte Zeit genug gehabt, hinüberzuschauen, er kannte sich hier aus, und die Töne waren noch da, die er immer auf der Flöte gespielt hatte: Er war sehr fröhlich. Das war schön für ihn. Was mit den Gänsen geschah? Ein neuer Hirt kam.

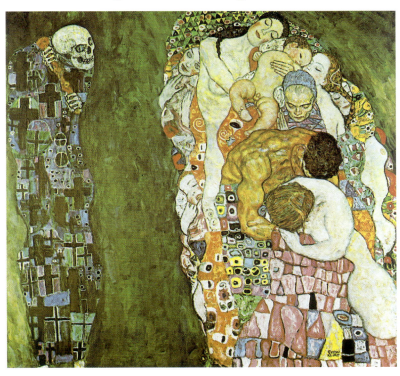

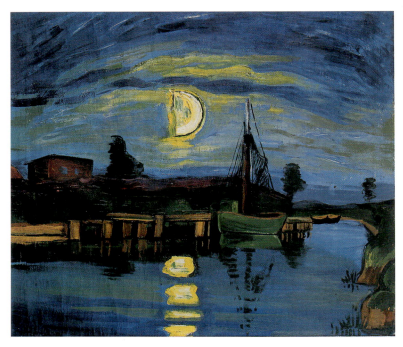

Die beiden Bilder des Malers Max Pechstein heißen „Mondnacht" und „Boot bei aufgehender Sonne". Mit diesen Bildern verbinden wir Grunderfahrungen eines jeden Menschen: Oft gibt es Nacht im Leben, aber es gibt auch den Morgen, das Licht der aufgehenden Sonne.

Nachterfahrungen

... wenn mich keiner versteht
... wenn ich Angst habe
... wenn es Streit gibt
... wenn eine Freundschaft zerbricht
... wenn Großvater stirbt ...

Leben mitten im Tod

Bildworte der Hoffnung

- Sterben ist wie eine neue Geburt, eine Geburt in die Vollendung
- Sterben ist das Auslöschen der Lampe im Sonnenlicht, nicht das Verlöschen der Sonne.
- Ein Kind fragt einen Weisen in Indien: „Woher kommst du?" Der antwortete: „Wie du komme ich von Gott, wie du gehe ich zu Gott, alles andere ist unwichtig."

Jemand stirbt und das ist,
wie wenn Schritte verstummen.
Aber wenn es ein kurzer Aufenthalt
vor einer neuen Reise wäre?
Jemand stirbt und das ist,
wie wenn eine Tür zuschlägt,
aber wenn es ein Tor wäre, dahinter
andere Landschaften sich auftun?
Jemand stirbt und das ist,
wie wenn ein Baum zur Erde stürzt.
Aber wenn es ein Samen wäre,
der in einer andern Erde keimt?

Morgenerfahrungen

... wenn ich neu anfangen darf
... wenn mir etwas gut gelingt
... wenn wir uns versöhnen
... wenn mir einer Mut macht
... wenn ich glaube, dass ...

- Jesus sagt: „Im Haus meines Vaters gibt es viele Wohnungen. Ich gehe, um einen Platz für euch vorzubereiten." „Ich bin die Auferstehung und das Leben. Wer an mich glaubt, wird leben, auch wenn er stirbt."
- Gott spricht: „Fürchte dich nicht, denn ich habe dich beim Namen gerufen. Denkt nicht mehr an das, was früher war, seht her, nun mache ich etwas Neues."

- Das Leben ist wie eine Brücke, auf der man nicht stehen bleiben kann. Man muss weitergehen an das andere Ufer. Dort wartet ein Haus auf uns.
- Im Tod nimmt Gott uns in seine guten Arme.
- Aus dem letzten Buch der Bibel, der Offenbarung des Johannes: „Gott wird alle Tränen von ihren Augen abwischen. Der Tod wird nicht mehr sein, keine Trauer, keine Klage."

Unterwegs zum großen Ziel

Das erste Kunstbild unseres Schulbuchs Lebenswege im ersten Schuljahr
war dieses Bild: „Der große Weg" von Friedensreich Hundertwasser.
Es soll auch das letzte sein – und dies aus gutem Grund.
Gehe dem Thema Weg, Lebensweg, Glaubensweg noch einmal nach.

Segenswünsche

Gottes Wort zeige dir Wege und Richtung.
Gottes Licht sei dir Stern in der Dunkelheit.
Gottes Kraft schütze dich in schwachen Tagen.
Gottes Weg führe dich durch Wüsten.
Gottes Plan baue dein Haus auf festen Felsen.
Gottes Freiheit löse die Fesseln deines Ichs.
Gottes Quelle lösche den Durst deiner Sehnsucht.
Gottes Regenbogen sei dir Ausgang und Eingang.
Gottes Geist ruhe immerdar auf dir.

Gott dein guter Segen
ist wie ein großes Zelt,
hoch und weit,
fest gespannt über unsre Welt.

Guter Gott, ich bitte dich:
Schütze und bewahre mich.
Lass mich unter deinem Segen
leben und ihn weitergeben.
Bleibe bei uns alle Zeit,
segne uns, segne uns,
denn der Weg ist weit.

Gott, dein guter Segen
ist wie ein helles Licht,
leuchtet weit,
alle Zeit in der Finsternis.

Guter Gott, ich bitte dich:
leuchte und erhelle mich ...

Gott, dein guter Segen
ist wie des Freundes Hand,
die mich hält, die mich führt
in ein weites Land.

Guter Gott, ich bitte dich:
Führe und begleite mich ...

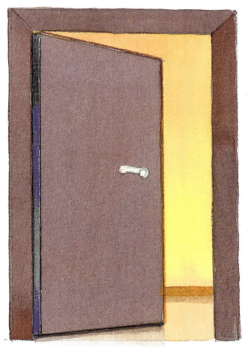

Geht nun in Frieden,
geht nun in Frieden,
geht nun in Frieden,
Gott wird euch
leise begleiten.
aus Afrika

Sei mutig und stark!
Fürchte dich nicht
und hab keine Angst;
denn der Herr, dein Gott,
ist mit dir bei allem,
was du unternimmst.
Josua 1,9

Der Herr segne dich
und behüte dich.
Der Herr lasse sein Angesicht
über dich leuchten
und sei dir gnädig.
Der Herr wende
sein Angesicht dir zu
und schenke dir Heil.
Numeri 6,23–26

Textverzeichnis

8 In Anlehnung an eine Geschichte unbekannter Herkunft. **13** „Ich mag das Glück nicht leiden", aus: Jo Pestum (Hrsg.), Auf der ganzen Welt gibt's Kinder, Arena Verlag, Würzburg 1976, S. 247. **17** „Die Straße, die nirgends hinführte", aus: Gianni Rodari, Gutenachtgeschichten am Telefon, K. Thienemanns Verlag, Stuttgart 3/1967 (gekürzt). **18** GL 614: Text nach Cornelius Becker 1602. **19** „Weißt du, wo der Himmel ist", Text: Wilhelm Willms, aus: Weißt du, wo der Himmel ist? , © Impulse-Musikverlag, Drensteinfurt. **20** „Wenn du singst, sing nicht allein", Text: Hans-Georg Surmund, aus: Weitersagen © Impulse-Musikverlag, Drensteinfurt. **22** „Das tägliche Wunder", aus: Phil Bosmans, Liebe wirkt täglich Wunder. Aus dem Niederländischen von Ulrich Schütz, Herder Verlag, Freiburg 15/1998, S. 139. **23** Max Bolliger, „Worüber wir staunen", aus: Weißt du, warum wir lachen und weinen?, Verlag Ernst Kaufmann, Lahr, S. 9. **32** „Spuren Gottes", aus: Heribert Haberhausen, Geschichtenbuch Religion Bd.1. Grundschule, Patmos Verlag, Düsseldorf 1999, S. 149 **33** Fjodor Mihailowitsch Dostojewski. Quelle unbekannt. **34** „Eines Geistes sein", aus: Barbara Cratzius, Kinder im Kirchenjahr, Brunnen-Verlag, Gießen 9/1999, S. 138. **43** „Spuren im Sand", aus Taizé, verschieden überliefert. **45** „Von guten Mächten", Text Dietrich Bonhoeffer, aus: Dietrich Bonhoeffer, Werke, Band 8: Widerstand und Ergebung, Ed. Chr. Kaiser, Gütersloher Verlagshaus, Gütersloh 1998. **49** „Eines Tages kam einer", Text: Alois Albrecht, aus: Wir sind mehr als ich und du, © Peter Janssens Musik Verlag, Telgte – Westfalen. **56** „Bruder Jesus" nach einem Liedtext von Peter Janssens. **60** „Wer leben will wie Gott auf dieser Erde", Text: Huub Oosterhuis, Wie als en god will leven. Aus dem Niederländischen von Johannes Bergsma, Christophorus-Verlag, Freiburg 1969. **61** „Liebe ist nicht nur ein Wort", Text: Eckart Bücken, © Strube Verlag GmbH, München – Berlin. **64** „Ich möcht', dass einer mit mir geht", Text: Hanns Köbler, aus: Neue geistliche Lieder, BE 285, Gustav Bosse Verlag, Kassel. **70** „Brif, bruf, braf". Quelle unbekannt. **77** „Jesus", Helmut Thielecke, © beim Autor. **84** Ich liebe dich, schöne Erde!, aus: Vorbereitungsheft zum Weltgebetstag der Frauen 1981, Deutsches Komitee. **85** „Jeder Teil dieser Erde", Text: Arrow Smith, Rede des Indianerhäuptlings Seattle, Musik: Stefan Vesper, aus: Mein Liederbuch, tvd-Verlag, Düsseldorf 1981. **86** „Das Lied vom einen Haus", aus: Lothar Zenetti, Texte der Zuversicht, J. Pfeiffer Verlag, München 1971, S. 21. **88** „Brücken bauen", Anne Steinwart, © bei der Autorin. **89** Antoine de Saint Exupéry, Der Kleine Prinz, © 1950 und 1998 Karl Rauch Verlag, Düsseldorf. **90/91** „Der Tod und der Gänsehirt", aus: Janosch erzählt Grimms Märchen, Beltz & Gelberg, Verlag J. Beltz, Weinheim 2000. **92** Nach Leonardo Boff und Rabindranath Tagore. **94** „Segenswünsche", aus: Josef Griesbeck, Viel Glück und viel Segen, Kösel-Verlag, München 1992, S. 114. **95** „Gott dein guter Segen", Text: Reinhard Bäcker, aus: Detlev Jöker, Heut ist ein Tag, an dem ich singen kann, © Menschenkinder Verlag, Münster.

Abbildungsverzeichnis

5 Antonio Puig Tapies, Spuren auf weißem Grund, 1965. © Fondation Antonio Tapies Barcelona / VG Bild-Kunst, Bonn 2001. **7** Pablo Picasso, Die Schwalben, 1932. © Succession Picasso / VG Bild-Kunst, Bonn 2001. **9** Paul Klee, Hauptweg und Nebenwege, 1929, 90 (R10), Ölfarbe auf Leinwand auf Keilrahmen; 83 x 67 cm; Musem Ludwig, Köln. © VG Bild-Kunst, Bonn 2001. **10** (o.) Sonia Delaunay, Rythme et couleur, 1938. © L & M SERVICES B.V., Amsterdam 20010307. **11** (o.) Janosch, Oh wie schön ist Panama, Programm Beltz & Gelberg, Verlag J. Beltz, Weinheim 1978. **12** (o.) Franz Marc, Kämpfende Formen, 1914. **16** Erich Heckel, Frühling, 1918. © Nachlassverwaltung Erich Heckel, Gaienhofen. **19** René Magritte, Der Freund der Ordnung, 1964. © VG Bild-Kunst, Bonn 2001. **20** (o.l.) Max Ernst, Geburt einer Milchstraße, 1969. © VG Bild-Kunst, Bonn 2001. **21** (u.) NASA. **22/23** Vincent van Gogh, Unterholz mit wandelndem Paar, 1890. **27** (u.) Thomas Zacharias,

Schöpfung, 1967. © VG Bild-Kunst, Bonn 2001. **29** Mosaik, Monreale (Sizilien), um 1174. **30** Marc Chagall, Am Anfang schuf Gott, Chorfenster St. Stephan, Mainz. © VG Bild-Kunst, Bonn 2001. **31** Marc Chagall, Paradies, Chorfenster St. Stephan, Mainz. © VG Bild-Kunst, Bonn 2001. **32** Franz Marc, Der Turm der blauen Pferde, 1913. **33** Franz Marc, Mädchen mit Katze, 1912. **35** (u.) Max Ernst, Où naissent les cardinaux, 1962. © VG Bild-Kunst, Bonn 2001. **37** Sieger Köder, Schau zum Himmel hinauf und sieh die Sterne (Gen 15), Abraham. © Sieger Köder. **39** Marc Chagall, Abraham empfängt die drei Engel, 1931. © VG Bild-Kunst, Bonn 2001. **40** Marc Chagall, Isaaks Opferung. © VG Bild-Kunst, Bonn 2001. **41** Marc Chagall, Ijob im Gebet. © VG Bild-Kunst, Bonn 2001. **44** Marianne Werefkin, Das Gebet, 1910. **44** (M.) Georgia O'Keeffe, Schwarzes Kreuz, 1929. © VG Bild-Kunst, Bonn 2001. • (o.l.) ZDF. • (u.l.) foto-present. **45** Süddeutscher Verlag, München. **46** (o.) IFA, München. • (M.) Bavaria Bildagentur, Gauting. **47** Moxos-Indios, Bolivien. **48** Alexej von Jawlensky, Abstrakter Kopf, Großes Geheimnis, 1933. © VG Bild-Kunst, Bonn 2001. **50** Odilon Redon, Le Christ au sacré cœur, 1896. **52** Max Beckmann, Christus und die Ehebrecherin, 1917. © VG Bild-Kunst, Bonn 2001. **54** Karl Schmidt-Rottluff, Augustmorgensonne, 1944. © VG Bild-Kunst, Bonn 2001. **56** Sieger Köder, Umfasst den Balken. 2. Station des Bensberger Misereor-Kreuzweges. © Sieger Köder. **57** (o.) Hermann Josef Baum, Am Kreuz. © beim Künstler / Museum H. J. Baum, Kerpen. • (u.) Sieger Köder, Erdenfall. 9. Station des Bensberger Misereor-Kreuzweges. © Sieger Köder. **58** Roland Peter Litzenburger, Sterbend erwächst dem Menschen der Baum seines Lebens, 1981/2. © Roland Peter Litzenburger Nachlassverwaltung, Markdorf. **59** Joseph Beuys, Sonnenkreuz, 1947/48. © VG Bild-Kunst, Bonn 2001. **61** Gloria Friedmann, Phoenix, (St. Peter, Köln), 1989. © VG Bild-Kunst, Bonn 2001. **63** Thomas Zacharias, Inkarnation, 1967. © VG Bild-Kunst, Bonn 2001. **65** (o.l.) Guter Hirt, Fresko in der Priszilla-Katakombe, Rom, Ende 3. Jh. • (o.r.) Rembrandt, Christus, um 1650. • (M.) Christus, der Allherscher, Aachener Dom, um 1000. • (u.l.) Roland Peter Litzenburger, Christus der Narr, 1978. © Roland Peter Litzenburger Nachlassverwaltung, Markdorf. • (u.r.) Brotvermehrung, Mosaik, Ravenna, um 520. **66** Friedensreich Hundertwasser, Unwohlsein – Schwarze Spirale – Malaise, 1978. © 2001 Joram Harel, Wien. **67** (o.) Jim Cunning / Bavaria Bildagentur, Gauting. • (u.) W. Maehl / ZEFA, Düsseldorf. **71** (o.) Paul Klee, Statisch-dynamische Steigerung, 1923, 67, Ölfarbe und Gouache auf Papier auf Karton; 38,1 x 26,1 cm; The Metropolitan Museum of Art, New York. © VG Bild-Kunst, Bonn 2001. • (u.) NASA. • (M.l.) T. Görtz / missio, Aachen. • (M.r.) EPD-Bild / version, Frankfurt. **72** EPD-Bild / Arnold, Frankfurt. **74** (u.) foto-present. **75** (M.l.) KNA-Bild, Frankfurt. • (u.r.) KNA-Bild, Frankfurt. **76** Verheißung an Abraham, Wiener Genesis, Syrien, um 550. **77** (u.) Christoph & Friends / Das Fotoarchiv, Essen. **78** (o.) Alfons Senfter, A – Gschnitz. • (M.) Malcom Varon. • (u.) Hermann Dornhege, Bad Tölz. **79** (o.l.) Quelle unbekannt. • (o.r.) AKG, Berlin. • (M.) Laziz Hamani. • (u.) Marc Chagall, Die weiße Kreuzigung, 1938. © VG Bild-Kunst, Bonn 2001. **80** (o.) AKG, Berlin. • (M.) Abdelaziz Frikha. • (u.) Abdelaziz Frikha. **81** (o.l.) Archiv Wolf-Christian von der Mülbe, Dachau. **82** (o.) Sieger Köder, Da träumte ihm, eine Leiter sei auf die Erde gestellt (Gen 28), Jakobs Traum. © Sieger Köder. • (u.l.) Quelle unbekannt. • (u.r.) Jeffrey Lay Foxx. **83** (o.l.) Wolfgang Hellige, Iserlohn. • (u.) KNA-Bild, Frankfurt. **85** Franz Marc, Rehe im Wald II, 1914. **87** (o.) Pablo Picasso, Der Krieg, 1952. © Succession Picasso / VG Bild-Kunst, Bonn 2001. • (u.) Pablo Picasso, Der Frieden, 1952. © Succession Picasso / VG Bild-Kunst, Bonn 2001. **89** Antoine de Saint-Exupéry, Der Kleine Prinz, © 1950 und 1998 Karl Rauch Verlag, Düsseldorf. **91** Gustav Klimt, Tod und Leben, 1916. **92** Max Pechstein, Mondnacht, 1933. © Max Pechstein Urheberrechtsgesellschaft, Hamburg. **93** Max Pechstein, Boot in aufgehender Sonne, 1949. © Max Pechstein Urheberrechtsgesellschaft, Hamburg. **94** Friedensreich Hundertwasser, (224) Der große Weg, 1955. © 2001 Joram Harel, Wien.

Fotos Hermann-Josef Frisch: 25 (o.), 71 (r.), 73, 83 (o.r.), 84, 86, 88 (o.).